NEMOTO HIROYUKI
根本裕幸／著　　黃紘君／譯

兄弟姉妹の心理学
弟がいる姉はなぜ幸せになれないのか

KYOUDAISHIMAI NO
SHINRI-GAKU

兄弟姊妹心理學

用「在家排行」╳「家庭角色」
解鎖人生的種種難題

推薦序——是戰友還是宿敵？形塑人際樣貌的手足關係

這是市面上第一本剖析手足關係的書，重要性非比尋常。

阿德勒是最早提出手足關係會影響個人性格的心理學家，這起因於老二出身的他，一直跟大哥有種潛在的競爭關係。從手足關係出發，阿德勒提出家庭星座的概念，家族治療也跟著誕生。

親子關係影響我們的人格甚鉅，已無須多說明。但手足關係對人際關係與親密關係的影響，卻一直沒有進入大眾和心理諮商的視野。可以這麼說，弟妹的性格有很大程度被兄姊決定，而後者的性格也受到前者制約。

兄姊的性別、年齡差距、氣質內向或外向，強而有力地形塑著弟妹詮釋人際世界的方式。因為小小孩會主動效仿大小孩的行為，相比之下，父母的教養反而處於次要位置。

弟妹身為後進，是家庭氣氛的觀察者。父母的教養心力通常放在老大身上，他們的價值觀也因此最完整地傳遞給兄姊。這讓老大更進取，但也比較保守。相反的，弟妹則以小可愛或搗亂者的身分爭取注意力。

仔細觀察就會發現，弟妹在家庭中的表現經常受制於兄姊的表現。如果老大是英雄，弟妹就會選擇迎頭趕上或換個舞臺；如果兄姊因故與父母鬧翻離家，弟妹就會變成留在家裡的犧牲者。

無論哪種情形，手足都可能覺得爸媽偏心，認為自己是那個被虧待的孩子。兄姊覺得弟妹不負責任，過分任性；弟妹則覺得自己一直在穿兄姊留下的舊衣服，承接他們用過的舊事物，也很少有個人獨照。每個人都下意識地認為自己應該獲得父母全部的愛。

從手足競爭與對父母的共同怨懟中，可以發現幾件事：

- **手足問題是形塑人格的重要因素，但一直以來受到的關注太少。**
- **孩子對父母的愛有不合理的要求，暗示父母情結的存在不全然是後天**

造成。

・兄姊的父母是爸媽，弟妹的父母是兄姊加爸媽。

手足關係形成人際關係的基礎，排行與性別會共同決定我們如何與他人互動。是領導他人多一些，還是與人合作多一些？是強勢，還是討好？對特定性別與年紀的同事是否容易產生衝突？這裡頭常有手足經驗的影響。

作者提出一件值得注意的事實。對於父母，子女因為有機會看見他們的老化與衰退，更有諒解他們的可能性。相較之下，手足間的不愉快卻可能延續一輩子，因為我們一起長大，一起變老。人生高低谷沒有交錯的結果，就是誰也很難向誰低頭。

這裡常出現榮格心理學說的陰影投射。話雖如此，多數手足關係其實都是令人滿意的。他們是我們幼時的玩伴，即使青春期後因為課業或性別而逐漸疏遠，但兄弟姊妹依然是世界上唯一跟自己共享相同血緣的親人。

我也觀察自己的兩個兒子，雖說兩兄弟經常打鬧，但他們都很開心有彼此的陪伴。一起遊戲、一起作惡、一起受責罰，交換彼此不愛吃的食物，共同創造人生獨有的手足經驗。

臺語有句話說：「拍虎掠賊也著親兄弟。」意思是，有生命危險的事，只有親兄弟可以信任，他們最不可能在你落難時丟下你逃跑。

這世界上沒有比手足更熟悉你的人，畢竟他們不僅知道你的童年糗事，還可能隨時拿來調侃你！讀完這本書，你或許會更珍惜這段既是戰友又是宿敵的奇妙關係。

鐘穎／心理學作家、愛智者書窩板主

推薦序——在家中的排序，影響了面對問題時的反應

我在三十歲左右，經歷了一場嚴重的職場霸凌。當時的我，身心狀況都出了問題。最後，在朋友的勸說下，我尋求了心理諮商的協助。初次與心理師見面，我詳細說明自己的情況後，心理師對我說了一句話：「職場是家庭的延伸。」

我在職場遭遇的困境，跟我在家裡的經歷很像。我是家中長女，有兩個妹妹跟一個弟弟，是「姊×妹×弟×妹」的組合。我從小就被教導成長女該有的樣子，要聽話懂事、察言觀色、體恤父母、照顧弟妹，凡事做弟妹的榜樣，更要替父母分憂解勞。由於我們家是工人階級，我甚至要透過進入明星學校，替妹妹們鋪出一條讀書的路。

我不過比妹妹大兩歲，卻在成長過程中被訓練成親職化兒童，承擔起親職的角色。

職場是家庭的延伸，需要回到手足關係找答案

我向心理師描述我在職場的問題：承擔比別人更多的工作、總是身先士卒去做沒人要做的事、幫忙規畫活動，甚至時常協助同事完成專案。然而，這一切的付出卻未能帶來職位上的升遷，反而陷入過勞與被霸凌的困境。

這與我的童年十分相似。在家裡，我也被教育成一個必須承擔責任，卻無法換來任何獎勵與回報的角色。

意識到自己在職場的處境其實延續了原生家庭的模式後，我開始著手改變與母親（上位者）的關係，也重新釐清與弟妹（同事）的權利義務，進而一步步走出職場霸凌，也修復了家庭內的關係。我從一個過度負責，擁有蠟燭型人格，總是燃燒自我照亮他人的長女，轉變成能理性分析狀況，尋求公平分配的人。

此外，藉由「職場是家庭的延伸」這個概念，我也逐步檢視自己的戀愛與交友關係，才發現手足的影響如此之大。

作者根本裕幸在本書中從心理學角度出發，觀察並分析諮商現場中的種種現象。他指出，我們在生活中遇到的問題，往往不只是表面的狀況，背後其實深受與兄弟姊妹的互動所影響，但這在過去幾乎很少被提起。

書中也舉各種手足的排列組合為例，帶領讀者進入不同情境，透過各組合的相處，剖析為何我們會那樣想、這樣互動？而這樣的互動關係到了職場、情場上，又會產生什麼影響？書中的生動描繪，相信大家在閱讀時也會頻頻點頭，彷彿看見自己與伴侶、同事的日常。

父母更需要思考對每個孩子的養育策略

在日本，不乏有針對兄弟姊妹的社會與心理專書，而本書更進一步呈現出日常生活中的真實樣貌，也為陷入各種人際關係困境的人，提供嶄新視角與思考方向。

如同作者根本裕幸在書中最後鼓勵大家面對手足關係，這是個重要且必要的行動。祝福每個人都能與兄弟姊妹建立良好關係，成為未來應對事物時的養分與力量。

最後，這本書不只適合在人際關係中感到困惑的人，更值得推薦給父母或正在育兒的朋友。書中提醒我們如何對待每個孩子，例如在每個孩子的成長過程中拍攝屬於他們的照片等等，這些看似微小的行動，卻能形塑他們未來面對挑戰時的能力與人格特質。

張慧慈／《長女病》作者

目次

姊×妹

第3章

為何老二夾在手足三人間總是感到孤獨？

——兄弟姊妹的基本心理②

第4章

為何有弟弟的姊姊很不會談戀愛？

——戀愛與兄弟姊妹

第5章 為何獨生子女無法融入團隊？——工作與兄弟姊妹

第6章

如何修復已經破壞殆盡的關係？

專欄

前言

身為諮商心理師，每天都有許多人來告訴我他們的故事。故事內容不一而足，舉凡工作、戀愛、金錢、育兒，其中絕大多數都和人際關係有關，包括與主管或同事間、伴侶間、家人間的相處問題。只要具備心理學或諮商知識的人，應該知道這樣的問題追根究柢都與「親子關係」有關。尤其是價值觀、思考模式，乃至對人事物的感受，每個小孩都是一路模仿父母長大的。

我們也不能忽略「青春期的人際關係」。青春期是一個想法開始脫離父母（家庭）轉向社會的階段。在學校學會與朋友相處，才能長成獨立的人，因此這個階段的交友關係會對往後人生帶來巨大影響。

我過去在諮商工作中，幾乎都將焦點放在個案的親子關係與青春期的人際關係。然而，從某階段開始，我出現了另個想法——似乎還有這兩項因素也無法解釋的「第三項因素」，那就是「兄弟姊妹關係」。

我的家中有三個兄弟姊妹，我是長子，下面有兩個妹妹。大妹和我相差一歲，小妹則小我三歲。大妹因為和我年紀相仿，不論語言表達或心智年齡都是她比我早熟。對於這樣的妹妹，我的內心深處總想和她一較高下。所以，我曾是個好勝心很強的人，還喜歡跟人唱反調，類似「你們都往右邊走，我就要往左邊去」。

或許是因為我很在意妹妹，想展現自己與眾不同的一面。無論如何，當我思考自己的性格養成時，「妹妹」絕對是個不可忽視的重要因素。

實際上，傾聽個案描述問題時，我也逐漸理解兄弟姊妹關係會為一個人的人生帶來重大影響。

但其背後機制並不單純。裡頭牽涉家中排行、性別組成、相差幾歲、與父母是否親近等，這些因素彼此互相影響著。這就是為什麼即使和我一樣成長在三個小孩的家庭，也未必會出現相同模式。

本書運用大量實際案例，希望盡可能說明複雜的兄弟姊妹關係如何為人生帶來影響。

倘若各位正有著人際關係的困擾，請務必善用本書，找到解決的線索。

根本裕幸

本書描述兩人以上的兄弟姊妹時，若沒必要特別限定性別，會以「手足」表示。

第1章

兄弟姊妹造就了我們的性格

兄弟姊妹對我們帶來多大的影響？

人在長大後仍會繼承小時候的角色

我想劈頭就問各位一個問題。假設你在生活中有一段怎麼努力都無法改善的關係，你認為原因出在哪裡呢？因為對方總是找麻煩？還是你自己的問題呢？

或許直接原因不是在他，就是在你。但當我們要深入解讀某個人的人際關係時，背後都受三個因素深深影響，也就是我在〈前言〉提過的「親子關係」、「青春期的人際關係」，以及「兄弟姊妹關係」。

親子關係和青春期的人際關係會成為「上下關係」的基礎。以下讓我用較好理解的公司組織為例來說明。

與上司的關係經常來自親子關係的投射。假設有位男性進到諮商室，提到自己老是與男主管發生衝突，我應該會立刻問他：「你以前跟父親的關係如何？」

與職場前輩、後輩的關係，則大多受青春期的人際關係影響。因此，對於無法與前後輩建立良好關係的人，我會問：「你國高中時期跟學長（姊）、學弟（妹）的關係如何？」

那麼，兄弟姊妹關係的影響又是在哪個層面呢？如果說親子關係是「上下關係」的基礎，那麼兄弟姊妹關係就是「平輩關係」的基礎。

各位可以試著回想國高中時期的朋友。那些擔任班長、在學校活動中扮演領導者的「可靠同學」，是不是大多是老大（哥哥、姊姊）呢？而班上負責炒熱氣氛、為大家帶來歡笑的同學，是不是大多是老么呢？

這些擔任領導者的哥哥姊姊，往後無論是在自己組成的家庭，或是進入職場，大多仍持續扮演領導者的角色。而受眾人喜愛的老么來到職場環境，也大多持續扮演讓氣氛和諧的開心果角色。

當然不會百分之百都是如此，但常見情況是，老大因為個性穩重而擔任要角，老么則因為討喜而人見人愛。我們每個人就是這樣一路繼承小時候在原生家庭裡的角色，直到出社會也扮演得維妙維肖。

明明高收入，卻老是感嘆錢不夠的女子

俗話說「三歲定終身」，小時候的家庭生活經驗會成為往後人生的根基，其影響不僅限於人際關係，更擴及工作、金錢、戀愛、夫妻、育兒等各方面，沒處理好就可能造成問題。

舉個例子，前幾天有位女性個案因為跟「錢」有關的問題來找我諮商。

這位個案在大企業上班，收入比起同年齡層的人要高出許多，但她卻告訴我「每個月錢都不夠用」。

深聊之後才了解，她在孩提時代常聽到母親抱怨「我們家沒有錢」。她從小把母親的這句「沒有錢」牢記在心，出了社會開始賺錢後，似乎不自覺「創造」出沒有錢的狀況。

此外，也有人前來諮商的原因是「一直找不到好對象」。仔細了解後會發現，這樣的個案小時候因為父母經常吵架而難過不已。眼睜睜看著自己最愛的爸媽爭吵不休，可以想像那會有多心痛。有這種經驗的人長大後開始尋找結婚對象時，內心往往強烈認為，如果婚後夫妻感情不睦，最可憐的還是孩子。如此一來，也不難理解為何他們總是找不到合適對象。

至於兄弟姊妹關係會在後續篇章說明。這裡舉親子關係的案例是想告訴大家，童年的家庭經歷在各面向上，或多或少都影響著一個人長大後的行為，希望各位理解這點。

小孩會把父母的價值觀安裝在自己身上

前面提到親子關係對日後的上下關係、兄弟姊妹關係對平輩關係的影響，在此想說明得更詳盡一點。

我們每個人都是從媽媽的肚子裡出生。也就是說，打從還在母親肚子裡，我們就將母親的情緒、感受、思維、價值觀安裝在自己身上。

出生之後，為了得到媽媽爸爸的愛，我們都要不斷奮鬥。小孩子沒有能力「過濾」接收到的資訊，所以父母的思考方式、價值觀便會深深烙印在心中。當被媽媽誇獎「你全部吃光光了，真棒」、「哇！你已經會自己穿衣服了」，每個小孩都會非常開心。正因為感到開心，小孩學會了「好好表現，媽媽就會愛我」的法則。

這樣的孩子不論在家裡或學校，都會是個「表現很好的乖小孩」，也會受到身邊的人喜愛。然而，這種想法一旦太過強烈，容易導致長大成人後依然被「我要好好表現」、「我表現太差了」的想法所束縛，這也是很多人都有的情況。

我們都為了「想要被愛」而遵循父母的價值觀活著，但很少人意識到這點。我們如何看待這世上的事物，其根源都來自親子關係。

父母是絕對的存在，也是長輩。或許有人會說「我完全不這麼認為」，那是因為長大後就忘了小時候曾有過的感覺。我認為小孩眼中的父母，是如同神一般的存在。小孩所做不到的事，例如自己吃飯、穿衣服、出遠門，爸爸媽媽都能獨自辦到。體型上，父母也比小孩高大許多。對孩子而言，無所不能的父母是非常偉大的。

將父母投射在長輩身上

每個人都是經歷了這樣的過程長大，也會不由自主將父母投射在「長輩」身上。

不論面對的是學校老師、社團顧問、補習班老師、打工地點的店長，或職場裡的上司、社長，都會重現自己與父母的關係。特別是把與父親的關係投射到男性長輩、把與母親的關係投射到女性長輩。

不過，這只是比較常見的傾向。假設家中掌權的是母親，父親的影響力較薄弱，那麼即使職場上司是男性，也很可能投射與母親的關係。

此外，還有一個名詞同樣象徵著「長輩」。各位覺得是什麼呢？

答案是「社會」。從小記憶中未曾被父母所愛的人，長大後也會害怕出社會。

兄弟姊妹是彼此爭奪父母關愛的敵人

當一個小孩用盡全力、想方設法要得到父母的愛，就會發現還必須面對實力堅強的對手，就是自己的兄弟姊妹。

對排行老二的人來說，從出生那刻起，哥哥或姊姊就成了競爭對手。從老大的角度來看，則是出現一個實力堅強的對手需要較勁。因此，兄弟姊妹間自小便處於競爭關係，互相爭奪父母的愛。尤其是年齡相近的兄弟姊妹，更有「想要被愛」的強烈渴望。

當孩子努力爭取父母更多關愛時，自然會產生競爭意識：「我不能輸給哥哥！」「我怎麼可以輸給妹妹！」這種競爭心態會引發嫉妒心、自卑感、優越感、獨特感（認為自己獨一無二的心理）。之所以容易嫉妒他人或感到自卑，或許源自童年時期對兄弟姊妹懷抱強烈的競爭心。

兄弟姊妹彼此競爭父母關愛的狀況，轉換到社會關係就成為：

- **彼此都想獲得老師稱讚的同學。**
- **彼此都想獲得教練肯定的選手。**

兄弟姊妹是互相爭奪
父母關愛的「敵對」關係。

・彼此都想獲得主管認同的同事。

因此，我才會主張兄弟姊妹是平輩關係的基礎。

更具體一點來說，與兄姊的關係容易影響與前輩的關係，與弟妹的關係則會影響與後輩的關係。

至於與同學或同梯間的關係，則需要進一步細分。如果是像哥哥般的同學（體型壯碩、有領導力、會照顧人），就容易投射與哥哥的關係；對於像弟弟般的同梯（體型嬌小、帶給大家歡樂、看起來沒什麼自信），就容易投射與弟弟的關係。

年紀比自己大的人對老大而言很陌生

閱讀至此，應該有人會提出疑問：「我是長子，上面沒有哥哥姊姊，那跟前輩的關係會如何呢？」

對老大來說，面對前輩或學長姐，一開始都不知道如何與他們相處。因為過去沒有累積這類資料庫，有這種反應也是正常。

不過，如果親戚或鄰居中有「哥哥或姊姊般」的對象，情況又會不同。最近小學也開始舉辦跨年級活動，有些人因此有機會在成長環境中接觸到比自己年長的對象。

但如果在成長過程中沒有機會和年齡較長的人相處，自然不知道該如何應對。於是，可能出現「明明對方是學長，卻以對待同學的方式相處」等情況。若在上下關係較嚴謹的環境，這種態度可能會讓學長覺得「這傢伙也太囂張」，甚至被叫去外面也不一定。

不過也有相反情況。人對於陌生事物通常會感到「恐懼」，面對前輩或學長姐時也可能過於退縮，覺得自己應該盡量老實低調。

另一方面，老么則與老大相反，因為沒有弟弟妹妹，所以不知如何拿捏與學弟妹、後輩的關係。這種互動傾向也會受到青春期的人際關係影響，甚至延續到成年後。

我曾有位個案的煩惱是「主管都很喜歡我，但不知為何常被前輩捉弄、排擠」。原來她在家裡排行老大，是長女。另一位在家排行老么的個案則表示「跟前輩都相處得很愉快，但跟後輩就處不太來」。

那麼，既沒兄姊也沒弟妹的獨生子女呢？獨生子女很容易覺得，不論前輩或後輩，都不知道如何應對。很多小時候沒機會和周遭孩子相處的獨生子女，長大成人後也無法建立良好的平輩關係，在團體中顯得格格不入，感到被大家孤立。細節我會在第三章說明。

「差幾歲」很重要

讀到這裡，相信不少讀者感到「跟我的情況不太符合」。兄弟姊妹關係相當複雜，各種因素交織出許許多多的相處模式。其中，「年齡差距」就是一項因素，也是影響兄弟姊妹關係的重要關鍵。

我在〈前言〉提到自己有一位相差一歲的大妹。雖然是兄妹，但女生的語言能力與心智年齡都發展得比男生快，有時我們的立場會反轉。

不過，因為我的體型比較壯碩，大多時候勉強保留了「哥哥」的面子，大妹也很崇拜我。她同時是我的妹妹，也是小妹的姊姊，我們兩人就像雙胞胎一般。我們會玩在一起，感情很好，也會在吵架時互不相讓，把彼此當作對手。

相較於我的狀況，我太太在家中排行老大，是長女，有一個相差八歲的妹妹。相差八歲之多，早就不是競爭關係了。

據說她從小就很疼妹妹，也很照顧她，簡直就像「小媽媽」。這樣的互動關係，讓她們既保有獨生女般的自在感，同時又是血緣相連的姊妹，直到現在仍像朋友一樣，感情十分融洽。

身為弟妹，如果和兄姊年齡相差較大，就容易出現類似獨生子女的心理，手足影響也較為薄弱。另一方面，由於受到年長兄姊和其他大人疼愛，常被當成是「什麼都做不好的孩子」，很容易沒自信。

由此可知，思考兄弟姊妹問題時，年齡差距是決定一個人性格的重要因素。如果你也和自己的兄弟姊妹年齡差距較大，閱讀後續篇章時請記得考慮到這點。

伴侶關係有多少程度受兄弟姊妹關係影響？

既然兄弟姊妹關係會影響平輩關係，那麼對戀愛或結婚應該也會帶來某種程度的作用。

一般來說，戀愛或結婚對象通常是同年齡層的人，所以影響程度很深。

尤其是有異性兄弟姊妹的人，很多時候會在戀愛關係中「仿照」兄弟姊妹關係，細節會在第四章說明。

例如，和哥哥感情很好的妹妹，容易被稍微年長的男性所吸引；和哥哥感情不睦的妹妹，通常會選擇年紀比自己小的男性。當然這只是一種傾向，未必每個人都是如此，但兄弟姊妹關係和戀愛是有一定程度的關聯。

此外，相較於有異性手足的人，只有同性手足的人有時會對異性抱持過度的幻想。

有位在三兄弟中排行老二的男性，從小到大的玩伴都是男生。在這種環境長大的他，對女生的印象如下：

「女生的房間一定很乾淨，而且很香。」

「她們在家裡一定也打扮得漂漂亮亮，還會喝紅茶。」

朋友聽到他這麼說不禁哈哈大笑。那個朋友家裡也是三個小孩，除了他

成長在只有兄弟或姊妹的同性手足環境下，
有時會對異性抱持幻想。

以外分別是姊姊和妹妹。他說：「你下次要不要來我家看看我姊的房間？你會馬上幻滅。」他姊姊不擅長整理東西，還很邋遢，房間簡直像垃圾堆，總是被母親罵。

此外，只有同性手足的人和有異性手足的人相比，對異性比較沒有「免疫力」，感情觀也偏保守。

我有一位個案是長女，下面有一個妹妹。父親忙於工作，經常不在家，所以她的成長環境幾乎沒有男性角色。她就讀的國高中雖然是男女同班，但對她而言，異性是個陌生的存在。上了大學，她第一次交到男朋友。但隨著相處時間增長，她愈來愈在意對方一些令她無法理解的行為，甚至常對男性的言行舉止感到噁心。

討論伴侶關係時，我們很容易放大當事人的親子關係，但事實上兄弟姊妹關係也是重要因素。如果各位和另一半處得不太好，可以試著分析自己或對方的兄弟姊妹關係，說不定會有所收穫。

兄弟姊妹的心理如何變化？

背負父母期待於一身的老大

在前面章節，我說明了兄弟姊妹的年齡差異對一個人的性格產生的影響，也談到兄弟姊妹關係與感情關係。承接以上內容，接下來我想和各位談談最基本的概念，也就是兄弟姊妹的心理。

首先是老大。老大如同字面意思，就是第一個小孩。父母面對老大，總是繃緊神經在處理育兒大小事，不論餵奶或換尿布都是未曾有過的體驗。哪個牌子的尿布比較好、什麼時候要讓孩子斷奶，這些都是經過再三思量，一步步嘗試錯誤，再度挑戰。看到寶寶哭個不停，就會擔心「是不是哪裡不舒服」，萬一真的身體不舒服，便立刻飛奔去醫院。

即使孩子稍微長大，這樣無微不至的育兒方式也絲毫沒有改變。不論是第一次帶孩子去公園玩、打預防針、上幼稚園、學才藝，或買上小學的書包，所有與孩子有關的事對父母來說都是第一次，慎重一點也是當然。

養育老大時，父母不但凡事小心翼翼，也毫無保留傾注了所有的愛。然而，正因為父母總是繃緊神經，容易對孩子過度保護。受到這樣的影響，老大通常會培養出神經質的個性。

父母灌注自己所有的愛雖然是好事，但同時也給予了很高的期待，容易讓孩子認為自己必須回應父母的期待，因而長成好孩子、模範生。

老大和父母的關係非常緊密，有時甚至過於緊密，成為「媽寶」、「爸寶」般的親子關係。這當然還牽涉到夫妻感情、家中經濟等因素，不能一概而論。不過，確實有許多這樣的孩子因為父母的過度保護或干涉，即使長大成人也無法獨立自主。

弟妹的出生讓兄姊極度心碎

家裡是獨生子女的話，基本上故事就到此結束。下有弟妹的讀者則還有後續發展。

當老大正享受著「集萬千寵愛於一身」的生活時，老二出生了，這會使他（她）體會到極度的心碎。因為父母把過去對自己的關注，一口氣轉移到老二身上。

等到年紀再長一點，老大才能理解「小的就是得費心照顧」。如果和弟妹歲數相差較多（約五歲以上），打擊可能小一點；相對的，年紀相差愈小，愈會感覺父母對自己的愛從一百變成零，因而深受打擊。

這時，老大會試圖讓父母的愛再度回到自己身上。首先他們採取的策略是：「當個不讓人費心的孩子，媽媽就會誇獎我」，包括幫忙做家事、自己的事盡量自己來、做任何決定前會先觀察母親的反應。

當然，這些行為並非發自內心主動想做，而是父母只在意弟妹（雖然這是老大的一廂情願），自己只能當個好孩子來奪得關注。

這種心碎的感受堪稱「人生首次大失戀」，老大所承受的就是如此巨大的痛苦。

即使父母自認對老大和老二都付出同等程度的關愛，但實際上，面對還需要把屎把尿的老二，只好叫老大自己堅強點。

「妳是姊姊了，這點事情可以自己做好吧？」
「你是哥哥了，不要欺負妹妹！」
「妳是姊姊了，東西要讓給弟弟！」
「你是哥哥了，要學會忍耐。」

當弟弟或妹妹出生後，老大會感覺
自己得不到父母的愛而大受打擊。

很多人小時候都被說過「妳是姊姊了」、「你是哥哥了」這種話吧。於是，長子長女們開始學會忍耐，不敢任性。最後，他們愈來愈「搞不清楚自己想要什麼」，或認為「只要爸媽喜歡，什麼都好」，也可能變得同情心氾濫。這種想法一旦根深柢固，多數人就會選擇走上父母期望的道路，直到長大後才驚覺「這不是我想要的人生」，因而來找我諮商。

從這樣的案例可知，人生課題除了可以從親子關係切入外，弟妹的存在也造成相當大的影響。

弟妹終究贏不過兄姊

接下來讓我們把焦點轉向老二。老二來到家裡時，已經有了老大這個強勁對手。從老大身上奪走父母的愛，是老二從小就有的經驗，有些人甚至會產生強烈的罪惡感。

老二雖然成功把父母對老大的愛轉移到自己身上，但絕不可能得到老大所經歷的所有關愛。尤其是年齡相近的手足，老大也還需要父母照顧，老二即使能得到五十分的愛，距離一百分仍然遙不可及。因此，老二會對老大產生強烈的競爭意識。為了爭奪父母的愛，不論老大做什麼，老二都要模仿，也會搶對方的東西。

比如弟弟搶走哥哥的玩具，兩人開始吵架，母親介入排解紛爭，這種稀鬆平常的景象正是出自上述心理。

愈演愈烈的兄弟吵架

在這種情況，媽媽要是說出「你年紀比較大，要讓給弟弟」，不僅會讓哥哥內心受傷，更會使他對弟弟懷恨在心。弟弟則是因為吵贏了，抱持著優越感。

於是，體型較高大的哥哥開始在母親看不見的地方報復弟弟。有媽媽撐腰的弟弟一旦被欺負就會立刻向母親告狀，最後又是哥哥被罵。這種爭吵在日常生活裡愈演愈烈。因此，年齡相近的兄弟經常一路爭吵，直到小學高年級才稍微平息。

近來，愈來愈多母親遇到這種狀況時，會先問「發生什麼事」，再分別聽兄弟兩人的說法。這樣的處理方式能讓兄弟倆知道媽媽不會偏袒哪一方，而是公平對待兩人。如此一來，哥哥可以拿回自己的玩具，弟弟也能學會好好拜託哥哥「我也想玩那個」，培養出和睦的兄弟關係。

此外，老大因為是家裡最大的孩子，容易培養出很會照顧人的特質，也傾向凡事不與人爭，抱持和平主義，和任何人都維持良好關係。因此在許多家庭裡，通常是老二性格大剌剌、不拘小節，老大則偏沉穩溫柔。長大後，便各自成為「遇到事情就向姊姊求助的弟弟」、「整天幫不按牌理出牌的妹妹善後的哥哥」。

老大是爸爸派、老二是媽媽派？

現代社會參與育兒的父親愈來愈多，不過能哺餵母乳的只有母親，多數情況下，孩子還是黏媽媽勝過爸爸。

對母親而言，孩子從自己肚子裡生下來，就像是自己的一部分。這也造成有些父親感覺「妻子被小孩搶走了」，因而把小孩視為競爭對手，甚至嫉妒小孩。老大也會把父親看作「敵人」，變得類似老二的心態。即使如此，老大基本上還是會得到母親毫無保留的愛。

不過，就像我在前面篇章提到，老大在老二出生後便強烈感受到「媽媽被弟妹搶走了」。夾在中間不上不下的老大，只能選擇接近比較有空理他的爸爸。

家中有兩個小孩的人應該都有過這種經驗：老二凡事都要找媽媽，去到哪裡都要媽媽抱著；老大則是由爸爸抱著或牽著一起走。如此一來便逐漸形成「爸爸負責老大、媽媽負責老二」的狀況。隨著近來愈來愈多父親參與育兒，這種情況更是常見。

無法獲得滿足的老二

老二看似成功搶到媽媽，儘管不是一百分，也得到一定程度的愛，應該要滿足才對，但還是對老大這個「眼中釘」耿耿於懷。

老二多少會察覺到自己獲得的待遇並沒有老大好。經濟條件很好的家庭或許未必如此，但通常老二不論和老大性別是否相同，小時候大多會撿老大的舊衣服穿，玩具也不會都是新的，總是拿老大的將就著用。姊姊都可以穿新衣服，自己只能穿姊姊穿過的，妹妹心裡難免會有不滿。

以父母的立場來說，生老大時由於深怕把孩子養壞了，總是繃緊神經、小心謹慎。到了老二出生，畢竟已經有過經驗，即使稱不上得心應手，至少不會像第一次那樣緊張兮兮。

比如選擇托嬰中心與幼兒園，老大的時候拚了命地調查，老二就二話不說選擇「和老大同一家」。學才藝也是如此。

此外，老二的照片和影片數量也隨之遞減。即使拍了很多照片，但老二總是「跟哥哥（姊姊）一起」。

「打開相簿幾乎沒有自己的獨照。要不只有哥哥（姊姊），要不就是兩人的合照，覺得很難過……」

這是老二普遍的心聲。因為這樣的遭遇，弟妹心裡常感到「不公平」也是理所當然。

兄姊心裡想的是「爸媽都只疼弟弟」、「真羨慕妹妹」；老二也心懷不滿，覺得「爸媽對待自己比較隨便」。

從老大的失敗學習的老二

老大受父母（尤其是母親）的影響很深，說難聽點，就是被強加父母的價值觀。

如果父母喜歡可愛的打扮，買給姊姊的衣服也全是可愛的風格。至於姊姊是否喜歡這類型的衣服，恐怕父母從來沒問過吧。

一旦姊姊開始表達「長頭髮好麻煩，我想剪短」，一心想把女兒打扮成公主的媽媽聽了自然不高興，母女衝突可能一觸即發。

在一旁看著母親與姊姊糾葛的老二，為了討媽媽歡心，便會主動開口說「我比較喜歡長頭髮」。老二就是這樣看著老大和父母的互動，自然學會「爸媽攻略法」。

此外，也會研究「讓事情如己意」的方法，運用小心機達成自己的願望。因此在老大或父母眼中，老二是個「機靈」、「有小聰明」的孩子。

家裡有兩個小孩的基本型態大致如此。接下來則討論有老三的狀況。

老三出生後，「順序」就顛倒?!

老三出生後，老大和老二的心理又會產生什麼變化呢？光是兩個孩子就有各種不同狀況，再加上第三個小孩更難找出普遍性，因此這裡只提基本型態，個別樣態會在第三章接續說明。

隨著老三出生，老大體會到第二次的心碎，老二則是第一次。然而，老大畢竟也長大了，又是第二次經驗，大多會承襲老二出生時學會的方法，也就是繼續當個「不讓人操心」的孩子。

此時會出現劇烈變化的應該是老二。老么的地位被老三搶走了，宛如瞬間被逼到窮途末路。明明媽媽是跟自己一國的，弟妹卻把媽媽搶走了，自己在家裡顯得格格不入。

當然，老二也可以嘗試從老大手裡把爸爸搶過來，不過大多時候，他們會選擇「既不跟爸爸一起，也不跟媽媽一國」的路線。於是，老二變成「中間孩子」的立場。這個立場非常不穩定，缺乏歸屬感。

老三在這個時期需要人把屎把尿，所以母親的目光當然都放在他身上，於是把當年對老大說的那套再對老二說：

「你已經長大了，自己的事情要自己做好。」

老二的待遇從此翻轉。

但畢竟身為老三的兄姊，老二一方面想成為弟妹的模範，但自己上面也還有兄姊。

「我想當個好哥哥（姊姊），可是又好想撒嬌……」

弟弟妹妹出生後，
老二在家裡就失去地位。

兩種矛盾情感在內心拉扯下，行為舉止也開始亂了套。

另一方面，父母對待老大還是維持任何事情都是「第一次」的心態，不論玩具或衣服都是買新的給他。

說到底，爸媽的目光總是放在老大和老三身上，老二的存在感是最薄弱的。因此，老二面對家人問題時，會選擇保持距離（細節請見第三章）。

他們只會在父母看不到的地方展現強烈的自主性，在兄弟姊妹當中也會是最獨立的一個。

「孫子」般的老三

根據我身邊生了超過三個孩子的人所說：「從老三開始，育兒變得很有趣。」我自己有兩個小孩，如果問我再多生一個，育兒會不會變得有趣，其實有點難想像。

他們異口同聲表示：

「有了上面兩個孩子的經驗，絕大多數情況都能先做好心理準備來面對。有些事情在養老大老二的時候，實在沒有餘力為他們做，但到了老三就辦得到。而且老大老二都已經長大了，能主動幫忙的事也變多了。」

這是他們之所以覺得育兒變輕鬆的理由。

如果是這樣，那麼父母對待老三與其說是帶小孩，更像是在帶「孫子」（當然老三和老大老二的年齡差異也會有所影響）。

爺爺奶奶看孫子都是一百分，怎麼都覺得可愛。已經有過兩次育兒經驗的父母看待老三，也可能產生類似感覺。過去禁止老大老二做的事，到了老三就無所謂；過去嚴格要求老大老二遵守的事，老三就可以不受限。

從這個角度，大家可能覺得老三最好命，但事實未必如此。身為老么，他們天生愛撒嬌，相對的也總是被當成小孩，缺乏自信。因此，老三在人際關係中最容易感到不安。

老三的心志會受到強大磨練

老三的出生對上面兩個孩子而言，只覺得又出現第三個敵人要來爭奪父母的愛。尤其是老二，一直以來屬於自己的「老么地位」被奪走，不論出於競爭意識或嫉妒心，都可能欺負老三。

老大和老三通常年齡相差較多，自然不容易親近。但若年齡相近，也會像對待老二那樣，把老三當作敵人。

在上面兩位兄姊的「蹂躪」下長大的老三，有時會鍛鍊出強大心志，培養出好勝、勇於挑戰的特質。即使和比自己年紀大的人來往也毫不畏懼，充滿霸氣。

前面提到老三容易沒自信，但其實取決於上面兩位兄姊的個性和年齡差距，有時也可能發展出完全相反的特質。

順道一提，老三從出生開始就要與哥哥姊姊競爭，這使得許多老三最終成為單項運動表現傑出的選手。這種情況同時也常見於只有兩位手足的老二身上。

老四的出生帶來關係的改變

前幾天在團體諮商上，居然有兩位成員的家裡是四個兄弟姊妹，讓我很驚訝。在孩子愈生愈少的時代，家中有四個孩子應該很少見才對。

那麼，當家裡有四個兄弟姊妹，關係又會如何改變呢？

老四的出生當然又會帶來家中順序的變動，夾在中間的孩子變成了兩個人。當然性別不同或年齡差異都會有影響，但通常父母最容易忽略的應該是老三。

此外，一直以來夾在中間的老二，在老四出生後可能因此和家人保持距離；也可能為了贏過老三，開始主動幫父母的忙，親近家人。

至於老大，通常會認為自己更應該當個好孩子，也更認真協助爸媽照顧弟妹。

那麼，當上最新一任「老么」的老四，又會如何呢？

多數老四會承接老三還是老么時的狀況。不過，由於實際接觸的案例不多，再加上手足性別、年齡差距、個性各異，導致每個人的立場不同，很難歸納出明確的基本型態。但身為老么的老四會受到父母和兄姊的溺愛，可說是毋庸置疑。

至於為什麼會教出沒自信或擁有強烈自我認同的孩子，都取決於父母的教育方式。

家人所扮演的「五種角色」

家裡每個人都有自己的「角色」

接下來的內容也是思考兄弟姊妹議題時，另一項必須掌握的知識，就是家庭中的「五種角色」。

這些角色不僅出現在家庭，也存在於職場、社團等各種組織。一旦有了這層認知，對於打造充滿向心力的團隊、解決組織內部問題，都會有所幫助，是相當有用的知識。

家庭裡的五種角色分別是：

① 英雄／英雌
② 犧牲者
③ 旁觀者
④ 搗亂者
⑤ 小可愛

常見情況是，家中每個人都分別扮演一種以上的角色。而之所以扮演這些角色，都是為了「拯救家庭」。

乍看之下，有些人的行為只是在扯大家後腿，但實際上是幫助其他人。光這麼說各位或許難以理解，後續我會詳細說明。

本書雖然聚焦於「家庭」，但各位不妨將其轉換成職場中的「團隊」，應該更有助於理解。

又或者，將這些概念應用在自身經驗，閱讀過程中便能激發一些想法：

「在我家，這個角色應該是我爸」、「在公司，那個角色就是後輩」，如此閱讀起來也會更加有趣。

光鮮亮麗的「英雄／英雌」也有脆弱的一面

「英雄／英雌」是個光彩奪目的角色，也是努力讓全家人獲得幸福的領導者。

扮演這個角色的，通常是撐起一家生計，也是家人精神支柱的父親；也可能是成績或運動表現優異，成為全家人「希望」的長子或長女。

他們樂於付出，只要能讓家人開心，即使吃點苦頭也願意盡力達成，對全家人而言是令人驕傲的存在。

另一方面，他們通常具有強烈正義感、做事一板一眼，也容易把自己想法強加在他人身上，有時變成孤軍奮戰，反而破壞團體和諧。

他們大多都是好孩子、模範生，但也有不少人因為承受不了家人的重擔而一蹶不振。

此外，他們也會受到某些價值觀束縛，認為必須展現光鮮亮麗的一面，害怕失敗、挫折，一旦遇到也難以接受。而當發生問題時，就會歸咎於「犧牲者」或「搗亂者」，不願直視問題根源，這正是他們堅強外表下所隱藏的脆弱面。

他們很容易和「搗亂者」對立，講大道理來攻擊對方；遭受攻擊的「搗亂者」也會加以反抗。於是，雙方互動就變成家裡的慢性問題。

【例】爸爸是高學歷菁英，看不慣次子愛玩不讀書，常斥責他。

↓次子變得討厭爸爸，也和家人保持距離。

【例】長女看到爸爸成天好吃懶做，全靠媽媽撐起一家。

↓長女把爸爸當作「壞榜樣」，發憤圖強認真讀書，成績優異。

自我壓抑，不斷忍耐的「犧牲者」

「犧牲者」就如昭和時代的母親，總是客氣地說「不用管我沒關係」。遇到困難時選擇努力忍耐，藉由自我犧牲來成就家庭。

他們會接納家裡每個人，是大家傾訴的對象。無法對「英雄／英雌」開口的話，就轉為向「犧牲者」傾訴，可說是家裡最可靠的存在。

一般來說，這個角色大多是母親，但偶爾也會由孩子來擔任。他們是家庭的基石，負責在眾人間協調斡旋，還要傾聽大家的抱怨，扮演出氣筒的角色，可說是整個家的幕後功臣。

他們退居幕後，在背後默默守護家人。因此，像是實現自我價值、接受家人的愛，都令他們感到陌生。而當他們想抱怨或表達不滿時，就會出現類似「搗亂者」的行為。

也因為這樣的特質，他們某種程度要看「英雄／英雌」的臉色，膽顫心驚地過日子，有些人最後會承受不住而身心失調。

【例】父親有工作能力，但無暇照顧家庭。

↓母親擔起家事、育兒等任務，負責照顧全家人。

【例】雙薪家庭，父母忙於工作。

↓姊姊負責照顧弟妹、幫忙做家事。

與家人保持一定距離的「旁觀者」

對於站在適當距離守護家人的「旁觀者」，用「站在瞭望臺上放眼全村」

來形容，應該是再適切不過了。

在其他家人眼中，「旁觀者」獨來獨往，老是不參與大家的行動，讓人不知該如何與他相處。他們本身也因為想法和價值觀都和大家不同，感到自己格格不入。

通常是中間孩子會扮演這個角色。不過如果家裡有四個小孩，關係就比較複雜。

一般來說，最容易成為「旁觀者」的是第三個小孩。但假設這個家的孩子順序是「女、女、男、男」，對父母來說，第三個小孩是長子，是「第一個男孩子」，所以會給他特別待遇，那麼成為「旁觀者」的就是排行老二的次女。

如果家中順序是「男、女、男、女」，老二便是「第一個女孩子」，所以老三也就是次子會是家中格格不入的那一個。

此外，和媽媽相比顯得較為弱勢的爸爸、青春期和父母起了衝突就開始保持距離的孩子，都可能擔任這個角色。

乍看之下，大家或許覺得「旁觀者」任性又不負責。不過，正因為他們總是保持一定距離守護家人，反而能最早發現家裡的問題，並且冷靜理性地提供解決問題的方法。

有些人因為從小有著冷靜謀略家的特質，長大後很難融入任何群體，內心飽受孤獨折磨，還被當成是特立獨行的怪咖。

雖然「旁觀者」和家中任何人都沒有建立深刻關係，但還是會想向「犧牲者」撒嬌，也希望「英雄／英雌」需要他，或嫉妒受人喜愛的「小可愛」，但這些心聲，他幾乎絕口不提。

【例】從小個性鮮明，老是和其他人意見不合而起衝突的二女兒。

【例】經常看媽媽臉色，在家裡感覺不到他的存在，也不怎麼和家人互動的爸爸。

讓家人問題浮上檯面的「搗亂者」

時不時給家裡製造問題的「搗亂者」，被大家貼上麻煩人物的標籤。他們會被其他人疏遠，甚至被討厭，就是個完全幫不上忙，只會添麻煩的傢伙。但實際上，他們是（下意識）把家人問題全部攬在自己身上。

每個家人在潛意識深處都有著不同問題，而「搗亂者」就是把這些問題用顯而易見的方式表現出來，可說是非常重要的角色。

當他們丟出問題，其他家人必須當成是自己的問題共同面對，而不是一味認定是「搗亂者」個人的問題。如果彼此設身處地，家人間不僅更團結，整個家庭也會過得更幸福。

在家庭以外的組織，如職場或社團，「搗亂者」有時會被大家「趕走」，但不久後又會有其他人成為新的「搗亂者」。因為這個角色在組織結構中承擔了每位成員負面的一面。

此外，他們製造的問題並不限於做壞事或添麻煩，有時也會以生病或受傷的形式展現。

【例】爸爸愛講大道理。
↓為了和爸爸作對，長子在學校老是出問題。

【例】媽媽病倒了。
↓四散各地的家人又重新找回連結。

無法獨立，令人操心的「小可愛」

「小可愛」（Charmer）直接翻譯是「迷人的人」，但用「小丑」來比喻也很貼切。他們是家中的開心果，有如寵物般可愛又療癒的存在。

扮演「小可愛」的大多是老么，也可能是年紀小的孩子，或天然呆的媽媽，每個人都可能扮演這個角色。

老是令人不放心的「小可愛」，帶給家人的不只療癒，也會發揮讓彼此連結更緊密的作用。

他們去到哪裡都討人喜歡，但也覺得自己比不上「英雄／英雌」而感到自卑，或是被「搗亂者」欺負，很難建立起自信。

而在家裡，由於受到全家人關注，他們對家庭很執著，難以獨立生活，甚至認為自己不管到幾歲都長不大，也很不擅長領導團隊。

他們善於接受，不善於給予。有些人還會因為言行舉止太過任性而被團體孤立。

【例】老是故意搞笑，讓家人開心的老么。

【例】總是少根筋，受全家人喜愛的長女。

英雄／英雌

犧牲者

旁觀者

搗亂者

小可愛

家庭中有五個角色，
每個人至少擔任一種。

角色會不斷變化

如前所述，每個人在家裡都會扮演一種角色，也會一人分飾多角，例如同時扮演「犧牲者」和「搗亂者」。

此外，不同情境下也會出現角色互換的狀況。例如媽媽平常是「犧牲者」，但全家旅行時就會扮演「英雌」，負責規畫行程；而平時擔任「英雄」的爸爸，在這種時候就成為「旁觀者」。

這些角色也會隨著孩子的成長而改變。例如小時候是「小可愛」的二女兒，到了青春期變成「搗亂者」，長大後又協助母親，成為支持家人的「犧牲者」，這種情況並不少見。

抑或是在家裡扮演「旁觀者」的長子，到了學校就成了開朗風趣的「小可愛」；在公司是「英雄」的長子，在家則是動不動就情緒勒索的「搗亂者」。在不同環境也會出現角色轉換的狀況。

因此，家人所扮演的角色未必一成不變。

工作上也會出現五種角色

這五種角色在職場上也有著重要意義。

例如，公司錄取兩位優秀人才，但彼此都是「英雄」型人物，自視甚高，誰也不讓誰，最後兩人居然都成了「搗亂者」。抑或是，公司裡有好幾個「小可愛」型人物，辦公室總是充滿歡笑，但該站出來指揮大家的主管卻是「旁觀者」，導致工作進度緩慢。

雖說公司員工總是來來去去，無法和家庭相提並論，不過角色意義和本質是不變的，各位可以試著從這個觀點分析自己所處的工作環境。

以上是本章針對兄弟姊妹關係所做的概述。

從下一章開始，我會更進一步說明各種兄弟姊妹組合如何影響一個人的性格養成。

專欄

說了只會破壞兄弟姊妹關係的 **傷人話①**

父母 ➡ 子女

- **父母 → 兄姊**

你（妳）都已經是哥哥（姊姊）了，忍耐一下。

- **父母 → 弟妹**

你哥哥（姊姊）都做得到。

- **母親 → 所有手足**

要不是因為你，我早就和你爸離婚了。

- **父母 → 姊妹**

妳要是男的該有多好。

本書的專欄中，我想談一些會在兄弟姊妹心中留下創傷的話，首先是父母對孩子。

父母對孩子說的許多話常具有破壞性威脅，甚至會讓孩子長大後依然深深感到受傷。尤其千萬不要說出否定他存在的話，或把他跟手足比較，這些都會造成精神創傷。

不過，這些否定話語往往來自父母的心理狀態，他們也感到崩潰無助。但換個角度來看，這其實也反映了父母對孩子某種程度的「為所欲為」。正因為深知無論自己做什麼，孩子都不可能討厭自己，才不經思索說出傷人的話吧。相信許多父母事後回想起來，一定充滿罪惡感。

第2章

為何姊姊會嫉妒妹妹？

——兄弟姊妹的基本心理①

兄×弟

爭奪母親關愛的兄弟

本章會探討家有「兩個小孩」的情況，並以四種不同性別組成來討論這類兄弟姊妹的基本型態。

必須先聲明一點，在此討論的是一般狀況。其他情況如兄弟姊妹中有一方身體殘疾，或出於家庭因素，孩子必須分開扶養等，都不在本次討論範圍，尚請見諒。

首先是「哥哥×弟弟」的組合。不論兄弟或姊妹，同性手足通常更容易被拿來比較，所以彼此是永遠的競爭對手。尤其是年齡相近的同性手足，小時候常互搶玩具、吵鬧打架，彼此劍拔弩張的狀況相信讓不少父母相當費心。男孩子又更容易拳打腳踢，時不時都會有人受傷。

普遍來說，哥哥通常和爸爸關係較親，弟弟則是比較黏媽媽。個性上，相較於哥哥，弟弟會更女性化一點，帶有溫和細膩的一面。若說哥哥是喜歡發號施令，想闖出一片天的「英雄」類型，弟弟則偏向溫柔體貼、守護媽媽，也較顧家的「小可愛」類型。

兄弟倆自小為了爭奪母親的愛，總是處於強烈的競爭心態。雖然哥哥是「第一個出生的男孩子」，固然受到媽媽疼愛，但弟弟是「之後出生的可愛男孩子」，媽媽無論如何都必須照顧年紀較小的弟弟，看在哥哥眼裡就會非常嫉妒。

按照第一個孩子的特徵，哥哥很早就學會獨立。也因為懂事能幹，母親經常依賴哥哥，某些情況下哥哥還會變成她的「理想伴侶」。即使進到青春期，哥哥開始和母親保持距離，還是會擔心她而適時給予協助。特別是當夫妻感情不睦，與其以妻子的角色依賴丈夫，許多人更會選擇以母親的角色依賴哥哥（家中是兄妹的話也是如此）。

此時，弟弟的常見情況是，不管長多大都被當成小孩子，於是選擇和母親或家裡保持距離。

母親類型與兄弟關係

不同「類型」的母親也會影響兄弟間的關係。以下將母親分為三種類型加以說明。

①母親對孩子管教嚴格

虎媽或是熱中教育的母親，最關心的莫過於哥哥。由於被寄予厚望、被要求課業表現優異，哥哥經常承受巨大壓力。

更別說弟弟出生，媽媽的愛被奪走之後，哥哥更是拚命表現優秀，努力當個「好孩子」，以奪回母親的關注。無論如何，他都不能輸給弟弟這個對手，弟弟的存在正是刺激他加倍努力的原因。

若策略奏效，哥哥會以優異成績陸續考上好學校。然而，不是每個家庭的哥哥都能如此。

當策略失敗，表現不如母親期待，叛逆期的哥哥會把過去的壓抑一口氣發洩出來，成為整天被叫到學務處，甚至出動警察的問題少年。高中畢業離家後就很少回老家露臉的哥哥，便屬於這種情況。

此外，也有許多小時候努力鞭策自己認真向上的哥哥，因為某些理由遭受挫折，大受打擊，最後一蹶不振。

賦予孩子過高期望的母親，看到哥哥表現不如預期，於是將目標轉向弟弟身上：

你不要變成像你哥那樣，我只能靠你了！
母親
弟弟
哥哥

「你哥已經沒救了，你千萬不能變成那樣！」

哥哥常被拿來當作「反面教材」。常見情況是，弟弟也覺得變成哥哥那樣很可怕，只能選擇乖乖聽話，一路順從，直到長大。因此，不少弟弟在成長過程中彷彿是母親的傀儡，毫無自主性，也沒有獨立的想法。

長期下來，這種不自由累積成巨大壓力。一旦遭遇失敗或面臨挫折，往往會導致弟弟陷入絕望，認為「人生死路一條」。

今後就拜託你了。
弟弟就交給你照顧了。
母親
弟弟
哥哥

②母親忙於工作，雙親都常不在家

若是雙薪家庭，母親也忙於工作，兄弟倆大部分時間都要自己度過。如此一來，哥哥理所當然便要代替母親做很多事。

和朋友玩時要帶著弟弟一起去，在各方面都要照顧他；弟弟也崇拜可靠的哥哥，很聽他的話。

想慰勞哥哥付出的媽媽，很可能會這麼說：

「謝謝你幫忙照顧弟弟。」
「你這麼懂事真了不起。」

當然，這不是什麼壞事。但哥哥也因此壓抑了撒嬌的需求與軟弱的一面，成為「犧牲者」。

這樣的哥哥長大後同樣擅長照顧他人，習慣把自己的需求擺後面，選擇先為他人付出與犧牲。

③母親無論心理或生理都很脆弱

身心脆弱的母親，會讓兄弟倆爭相幫助她。這裡所謂的「幫助」不僅是字面上的分擔家務、照顧媽媽等行為，還包括打理好自己、努力念書，當個不讓人費心的好孩子。母親愈是依賴他人，兄弟倆的自立程度就會愈高。

雖然兩人都想成為「英雄」拯救母親，但早一點出生的哥哥相對占了上風。然而，哥哥也因為較早自立，一直將脆弱面壓抑在心中，使他在精神某些層面顯得脆弱。

父親是兄弟的另一個競爭對手

對男孩子而言，父親不論好壞都是他們的人生指引，同時也是爭奪母親關注的競爭對手。

孩子進入青春期後，父親的影響力變得舉足輕重，叛逆期的男孩子多少會和父親有些衝突。對兄弟倆而言，父親是他們的「眼中釘」。

很多母親會戲稱自己的另一半為「長子」，某些家庭的氛圍就像是家中有「三兄弟」。這種情況下，哥哥便成為排行中間的孩子，感到難以融入這個家。

一般來說，哥哥較早進入青春期，也較早和父親產生對立。尤其當同樣身為男性的父親對長子寄予厚望時，就如同「虎媽」案例，會讓哥哥承受過多壓力。父親給予的期望愈高，哥哥的反抗就愈激烈。這種反抗會在青春期達到巔峰，甚至導致父子幾乎斷絕關係。

看著哥哥的背影，弟弟便學會如何避免和父親起衝突。不過，這樣的行為也會產生副作用，那就是不易培養出獨立意識（男子氣概），長大後也很難脫離原生家庭，獨自生活。

反之，如果父親很沒用，甚至是個不顧家的「搗亂者」，母子關係又會如何變化呢？

哥哥會把逃避面對問題的父親當作壞榜樣，立志成為「英雄」，幫助母親和弟弟，心智因而變得更早熟。

此時，弟弟就像是「小父親」，行言舉止有如「搗亂者」，兄弟關係於是變成父親與長子的關係。哥哥開始對弟弟寄予期待，對許多事情都有意見；弟弟則加以反抗，到了青春期便會嚴重叛逆。

當然，不是每個家庭都是如此，也要看每個人的個性。但兄弟之間同樣身為男性，無可避免會處於競爭關係。年齡差距愈小，競爭就愈激烈。「總是頤指氣使的哥哥」vs「愛唱反調的弟弟」，這種對立關係即使長大後也難以改變。

如果兄弟倆一同繼承父親的事業，便容易互不相讓，導致公司分裂。即使公司勉強維持下去，兩人也難免暗中較勁，互相批評。母親夾在兩人之間，手心手背都是肉，變得裡外不是人。

其實，青春期的叛逆是為了實現「精神上的自立」。無論哥哥或弟弟，這段時期都會培養出「男子氣概」。發展社會人格的過程中，要在精神上從原生家庭獨立出來，男子氣概是不可或缺的。青春期的強烈競爭意識，也是建立男子氣概的重要因素之一。

父親如果不像樣，哥哥就會取而代之成為「父親」。

姊妹容易形成完全相反的性格

姊妹因為性別相同，和兄弟檔一樣容易成為彼此的競爭對手，但兩人的個性或外表往往會形成完全相反的類型。

一般而言，姊姊因為較早獨立，外表偏向俐落類型；妹妹因為是眾人寵愛的老么，大多是可愛類型。在個性上，姊姊比較能幹且一板一眼，妹妹則是不拘小節。

以上是常見情況，例外當然也不少。

母親也加入女人的戰爭

討論姊妹議題時，絕不能忽視的思考角度就是「女人的戰爭」。參戰者經常不只姊妹兩人，還有她們的母親，形成「三強鼎立」的局面。這樣的家庭充滿三姑六婆的吵雜聲，也容易引發嫉妒心與競爭意識。

「爸媽都比較重視姊姊。」
「爸媽都比較疼愛妹妹。」

姊妹之爭不但是家常便飯，母親嫉妒年輕貌美的女兒也是常有的事。尤其是對長女，有些媽媽經常話中帶刺，進行言語攻擊。

還有情況是母親、姊姊、妹妹形成「三姊妹」關係。結果姊姊變成中間孩子，要不成為「旁觀者」，要不找機會離家獨立，追求自由人生。

萬事通的姊姊令妹妹感到嫉妒

早妹妹幾年出生的姊姊看起來無所不能，令妹妹感到嫉妒。不服輸的她因而拚了命也要追上姊姊。一旦發現姊姊做得到但自己做不到，有些人甚至會氣到在地上打滾。尤其年紀相差較小的姊妹更是如此。然而，若能持續努力不懈，有些妹妹會表現得比姊姊更優異。

不過，打從懂事以來姊姊一直很優秀，是永遠的勁敵，也是眼中釘，彷彿自己做什麼都逃不開姊姊的影子。

「我跟姊姊是完全不同的人！」

儘管理智上知道這點，但一遇到姊姊做得到而自己做不到的事，還是難以接受。因此，妹妹通常覺得自己比不上姊姊，產生自卑感。這也是許多妹

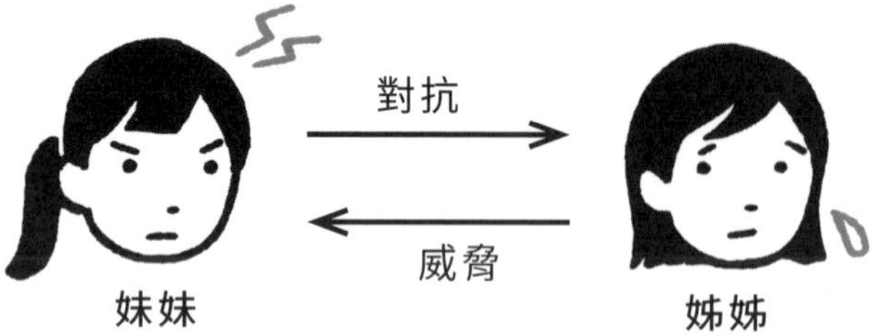

妹長大後仍缺乏自信的原因。

另一方面，對姊姊而言，妹妹總是在挑戰自己。妹妹所展現的毅力令她感到威脅，不安揮之不去。為了捍衛身為姊姊的地位，便想方設法取得更亮眼的成績，以免被比下去。

這種「隨時都可能被追上的恐懼感」帶來龐大的精神壓力。時時刻刻提高警覺，以防有人來奪走自己珍視的事物，成為姊姊的思考模式。

長此以往，姊姊長大成人後，對同性有較高的競爭意識，加上自尊心強，也難以對人敞開心房。

母親將自己的人生與女兒重疊

對父母來說，第一個小孩是育兒初體驗，各方面都特別小心謹慎。因此，老大不論男女都偏向敏感且能幹的類型，這在第一章也談過。

在育兒過程的嘗試錯誤與不斷挑戰中，父母和老大也容易產生衝突。尤其母親是主要負責育兒的人，且老大是女兒時，母女間常出現激烈對立。那為什麼母女會嚴重對立呢？我想應該是母親把自己的人生和女兒的人生重疊在一起。

如果母親對自己的人生持正面態度，自然會希望姊姊也走上與自己相似的道路。相反的，如果母親對自己的人生感到後悔，用負面態度看待時，則會希望姊姊避免重蹈覆轍，只有選擇與自己不同的道路才能獲得幸福。無論哪種情況，母親都會過度干涉、過度保護，對姊姊的一言一行有很多意見。可想而知，必然會讓姊姊感到被控制，心生抗拒。

「逼迫女兒服從的母親」vs「反抗母親的姊姊」，兩人間將永無止境地爭吵。姊姊也可能無法達成母親期待，感到強烈自卑。更多情況是，直到姊姊長大成人，有了自己的家庭，母女對立仍然持續。

機靈的妹妹令姊姊感到嫉妒

近距離看著母親與姊姊的戰爭，妹妹一方面因為自己不像姊姊被寄予高度期待而感到些許失落，另一方面也從姊姊身上學到許多經驗：

「這樣跟媽媽講話就會被罵。」

「這麼做就可以被媽媽誇獎。」

妹妹就是看著姊姊這本「教科書」，選擇自己怎麼說、怎麼做。

至於姊姊的感受是：

「妹妹都可以跟媽媽處得很好，真羨慕。」

不僅母女關係如此，舉凡交友、讀書、校園生活、學才藝等，妹妹都是參考姊姊這個優秀「範本」，機靈地過日子。相反的，姊姊因為自己的「笨拙」，開始對妹妹產生嫉妒心與自卑感。

姊姊對妹妹有著矛盾情緒

相較於兄弟爭吵直截了當、拳腳相向，姊妹又是如何呢？

姊妹間通常以口舌之爭居多。不過，即使沒有動手動腳，畢竟姊姊還是生得早，有辦法吵到妹妹回不了嘴，把她惹哭。

看到這幅光景，媽媽很可能會責怪姊姊：

「妳都是姊姊了，不要欺負妹妹！」
「妹妹那麼小，要把玩具讓給她！」

這些指責都會讓姊姊覺得委屈，心生不滿。

因為怕被罵，表面上維持良好的姊妹關係，私下則使一些手段欺負妹妹，例如破壞她心愛的物品、把她的東西藏起來，或故意告訴她「爸爸不喜歡妳」（但根本沒這回事）。

「妳都已經是姊姊了，要懂事一點」這句話，讓做姊姊的打從心裡無法接受。自己也還是孩子，卻被迫當個大人，令她感到難受。這樣的情感逐漸延燒，便開始嫉妒妹妹，暗中欺負她。

被母親緊抓不放的姊姊vs離家出走的妹妹

如果母親是所謂的虎媽或星媽，就會試圖控制小孩，尤其對姊姊嚴加管教。姊姊到了青春期則開始反抗，甚至離家出走。

也有完全相反的案例。姊姊在母親的嚴密掌控下言聽計從，做任何決定前都會先看母親臉色。人生目標只有想辦法達到母親期待，自己的人生彷彿變成了「媽媽的人生」。

在這種處境下，姊姊時常感到喘不過氣，活得很痛苦。即使能以優異成績進到明星學校，依然是個自我肯定感低落的孩子。

母親會設法掌控姊姊，干預她的人生，
妹妹則會「逃走」以獲取自由。

在一旁觀察姊姊的妹妹，自然會想辦法避開母親的掌控，選擇把生活重心放在家以外的地方，對母親能敷衍就敷衍。獲得自由的妹妹過著隨心所欲的生活，對於被母親掌控的姊姊則冷眼旁觀。

有些妹妹長大後會完全脫離家庭，盡量不回家露臉。有些則選擇住在老家附近，需要幫忙時便若無其事地回家拜託父母，過著「精明」的人生。

這樣的妹妹令姊姊羨慕不已。然而，姊姊已經習慣凡事都跟母親綁在一起，無法鼓起勇氣離開家，過得悶悶不樂。

早早離家的姊姊vs來不及逃跑的妹妹

那麼，假如姊姊不願被母親掌控而奮戰到底，最終掙脫束縛，成功離開家裡，情況又會如何呢？

想當然耳，母親控制的對象就變成了妹妹。原本只是「隔岸觀火」，靜靜看著兩個女人的戰爭，誰知道姊姊突然消失無蹤，媽媽朝著自己過來。還在發呆的妹妹根本來不及逃跑，瞬間就被母親抓住。

因為有過姊姊逃離的經驗，母親變得更加嚴格，小心翼翼掌控妹妹，讓她在不知不覺中變得順從。

同樣情況也可能發生在姊弟關係中。被母親徹底掌控的弟弟或妹妹，精神上無法脫離母親，最終成為「媽寶」。生活上依賴母親，對她言聽計從，在人生中徹底失去自我。

能幹的長女撐起整個家庭

如果母親身心脆弱，或成長在雙薪家庭，姊姊會變得很獨立，認為自己必須為這個家負責。能幹的長女就像「小媽媽」，照顧妹妹的大小事。

哥哥雖然也會照顧弟妹，但和姊姊相比，還是存在性別差異。女生通常更細心，也善於照顧他人。

姊姊這麼做都是為了不讓父母擔心，父母則認為她是個「懂得主動幫忙」、「很會照顧人」、「不讓人操心」的好孩子，不自覺愈來愈依賴她。雖說是自願照顧妹妹，姊姊也有想依賴他人與軟弱不安的時候，這些情感無處表露，只能不斷往心裡吞。

周圍的人對姊姊的印象就是個「小大人」。在學校，她經常擔任班長或社長，老師也給予高度評價。但她心裡始終住著孩提時期的自己，也多少察覺到這點。即使被稱讚「很成熟」，內心卻覺得自己其實「很幼稚」。

姊姊的內心陰影

姊姊心中的「內在小孩」在長大後開始出問題的情況並不少見。例如，無法展現脆弱的一面，遇到困難只能往心裡吞，最後瀕臨精神崩潰；忙著照顧他人，把自己的事擺一旁，導致手邊工作堆積如山。

負責能幹的姊姊不斷壓抑內在小孩，這份壓力使她不得不轉為尋求某種「地下管道」。這是一種心理學概念，指的是能毫無保留展現真實自我的方式。例如不能對外人說的祕密戀情、工作內容、生活型態。具體而言像是外遇、只有肉體關係的戀愛、在酒店打工，或對酒精、賭博、購物成癮等生活習慣都是。

擺脫不了家人的姊姊

能幹的姊姊習慣在家中扮演母親般的角色，導致心理上無法脫離家人。即使搬出去住，也經濟獨立，仍會牽掛家裡，三不五時回老家關心家人。如果搬出去住，也會選擇離家近一點的地方。

至於對妹妹的各種照顧當然也沒變，從小扮演著照顧他人的角色，長大成人後依舊不變。

姊姊的人生就像代替母親成為家中支柱的「犧牲者」。某種程度上，這樣的說法沒有錯，因為她總是把自己想做的事擺一旁，把「我沒關係」掛在嘴邊，把他人需求放在自己前面。

妹妹得以自由自在、隨心所欲地長大。姊姊一方面感到欣慰，但想到自己小時候沒辦法當個小孩，多少還是會對妹妹感到嫉妒。

比姊姊早一步獨立的妹妹

「正因為有姊姊的犧牲，我才能過上我想要的生活。」

妹妹心裡有這份自覺，對姊姊懷有深深的感謝與敬佩。看著姊姊活得如此不自由，既覺得可憐，又不禁暗自慶幸：「還好我沒變成那樣。」

少數妹妹看到姊姊一直被家人綁住，選擇與她保持距離：

「妳明明可以過自己想過的人生。」

「都幾歲了，不要把我當小孩，煩死了！」

但多數情況還是仰慕姊姊，把自己看到的世界和她分享，或把她帶出去看看外面的世界，藉此回報恩情。而姊姊一路看著妹妹長大，這樣的情分讓許多姊妹維持良好關係。

姊姊因為沒被捧在手掌心而心生嫉妒

另一種情況是姊妹互相競爭，搶著當「英雄」。對於習慣展現能幹形象的姊姊來說，一旦發現表現不如妹妹，往往會受到極大打擊，對妹妹的情感

長得真可愛！
好聰明喔！
我也好想被
誇獎……
妹妹
姊姊

於是轉為嫉妒。

「妹妹長得比較可愛，去到哪裡大家都喜歡她。」

「妹妹腦筋很好，每次考試成績都比我高。」

當姊姊的不但自尊受傷，自信也一落千丈。

此時若能把重心放回自己身上，正向思考「做自己就好」，或許就能不受妹妹影響，走出屬於自己的路。相反的，若始終無法擺脫與妹妹競爭的心態，從小到大心懷嫉妒，人生便會活得很辛苦。

表面上，她假裝和妹妹感情很好，扮演著照顧妹妹的好姊姊，同時拚命尋找能超越妹妹的方式。即使找到一些方法，但卻不是自己真正想做的事，出發點只是想贏過妹妹，哪怕最終成功，也感受不到太多喜悅。

常見情況是，為了贏過妹妹，發憤圖強用功讀書，最終考上明星學校。其實她真正渴望的是成為眾人注目的焦點，被大家誇讚「好可愛」，但卻壓抑這份心情，選擇在學業上全力以赴。因此，即使進入高升學率的學校，也很難感受到勝利的喜悅，反而覺得很空虛。更糟糕的是，進入學校後發現自己無法適應，反而帶來更多煩惱。

妹妹發覺自己比不上姊姊時會採取的策略

相反狀況又是如何呢？以下是姊姊成功奪得「英雌」角色的案例。

姊姊不但在校成績優異、運動樣樣行，還天生麗質，走到哪裡都是風雲人物，這會讓妹妹感到侷促不安。有個萬眾矚目的姊姊，做妹妹的通常會覺得沒有容身之處。

有這麼優秀的姊姊，妹妹當然會覺得驕傲和敬佩，但也不禁感到自己像是可有可無的「附屬品」。

同性手足中身為弟弟或妹妹的人，有時會對自己的存在感到懷疑：「是不是沒有我也沒差？」（但很多人也未曾如此想過）當姊姊成功登上「英雌」寶座，妹妹的這種感受更為深刻，許多人因此選擇和姊姊走上不同道路，尋找自己的存在價值。

「姊姊長得很漂亮，大家都圍著她打轉，那我就要像搞笑藝人一樣，用行動吸引大家的目光。」

「姊姊功課很好，那我就要在體育上表現得更出色。」

當妹妹的往往會這麼想。然而，就像上一節提到的姊姊一樣，妹妹所選擇的是否為自己真正想做的事，還很難說。

如果妹妹好勝心強又肯付出努力，許多人都能在某個領域獲得成功。這樣的努力讓她將自卑化為動力，有時甚至能逆轉姊妹立場。

父愛爭奪戰的贏家與輸家

多數情況下，談到育兒通常只想到媽媽，很容易忘了爸爸的存在。然而，對姊妹來說，父親的角色至關重要。

對女孩子而言，第一位最親近的異性就是父親。因此，姊妹間為了爭奪誰是爸爸最愛的女兒，展開激烈競爭。有時，媽媽還會加入戰局。

乍看之下，爸爸就像是住在「後宮」，但裡頭的生活並不輕鬆。事實上，愈是溫柔的父親，愈容易被女生擺布。又因為家裡只有自己一個男性，有些人會感到沒有容身之處，選擇逃到外面（通常是工作）。

照理說，父親應該會比母親更公平對待兩姊妹，但多少還是會偏向其中一個。可能是姊姊，因為是第一個孩子；也可能是妹妹，因為老么比較討喜。如此一來，姊妹倆便分成兩個陣營——「得到父親寵愛的一方」vs「不被父親寵愛的一方」。

這種差異會影響兩姊妹未來的戀愛狀況。得到父親寵愛的「贏家」會產生自信，認為男性會喜歡（選擇）自己；「輸家」則會失去自信，認為男性不會喜歡（選擇）自己。

不過，事情也未必如此單純。贏家和父親「兩情相悅」下，有些人就變成戀父情節，無法與其他男性談感情。

話題有點扯遠了。不過既然講到戀父情節，我也想稍微談談「隱性戀父情節」。

我在諮商中會遇到女性個案抱持著與父親的愛恨糾葛。要不對父親懷恨在心，要不對過去的事耿耿於懷。生理上已經長大成人，心理上還停留在叛逆期。嘴巴上說「最討厭爸爸」、「恨死我爸」，內心情感卻和戀父情節沒什麼兩樣。

小時候與父親的關係，確實會讓女性產生隱晦難解的情緒。

跟在哥哥屁股後面的妹妹

接下來，我會說明異性手足的狀況。首先是兄妹。

通常小孩子一起玩，大多是年紀小的服從哥哥或姊姊的指令。兄妹檔也不例外，哥哥不論在家裡還是外頭都橫衝直撞、靜不下來，妹妹也會跟著他跑來跑去，活潑程度不輸男孩子（姊弟的情況則相反）。

年紀還小時，妹妹常混在哥哥的朋友群裡一起玩，精通所有男孩子喜歡的遊戲。這時哥哥還沒有性別差異的概念，通常不會把妹妹當作女孩子看待，覺得她跟自己的同性朋友沒什麼不同。於是發生打鬧時動手打妹妹，把惹她哭，最後自己被媽媽罵的情況；又或是嘲笑妹妹動作跟不上自己和朋友，照樣落得挨罵的下場。

媽媽和身邊的大人常說「妹妹是女孩子，你要對人家溫柔一點」，但哥哥聽了完全不知道該怎麼做。漸漸的，他開始避免和妹妹一起玩。尤其到了青春期，和妹妹在一起會讓他覺得很丟臉。即使妹妹想加入，也會故意躲開她，這樣的態度讓妹妹感到很孤單。

另一方面，妹妹因為和哥哥玩得很開心，導致難以融入同齡女孩子的遊戲。很多妹妹應該都記得自己「幼稚園時都和男生一起玩」。

此外，服裝上也不同於一般女孩子，不喜歡可愛衣服，偏愛中性風格，讓媽媽感到很困擾。對妹妹來說，因為太喜歡哥哥，打從心底「想跟哥哥一樣」。有時，哥哥和朋友們對她特別好，也會讓她覺得自己像小公主，提升自我肯定感。

年紀相近的兄妹會像姊弟？

女孩子通常在心理與語言發展上都比男孩子早熟。當兄妹年齡差異只有一兩歲時，可能會逆轉成姊弟關係。儘管哥哥身材比較高大，但妹妹伶牙俐齒，吵起架來哥哥可能會講不贏妹妹。有些妹妹發揮老二的聰明機靈與擅長表達，常編一些理由讓事情對自己有利，甚至反咬哥哥一口。

年齡相近，一起成長，沒有分開過的兄妹通常不會覺得對方是哥哥或妹妹，反而像雙胞胎，感情非常好。這樣的兄妹檔若是妹妹較強勢，有時哥哥反而會陪妹妹玩辦家家酒之類的小女生遊戲。

說到讓哥哥無言以對的妹妹

這樣的兄妹如果吵架的話，情況會是如何呢？

就像前面所說，哥哥有時講不贏妹妹，當無法在言語占上風，最後只能選擇動手。而妹妹從小跟哥哥玩在一起，覺得自己像個男孩子，所以兄妹打架的情況並不罕見。媽媽看到後就會抱怨「這孩子真不像女生」。

尤其到了青春期，性別差異開始變得明顯，兄妹間也逐漸意識到彼此的不同，保持心理距離是在所難免。久而久之關係變得冷淡，雖然不像以前那樣吵架，但也不再聊心事。

把父母丟給妹妹就不回家的哥哥

不少男生獨立後就和老家保持距離。如果家裡還有妹妹，就把父母丟給她，自己完全不回家。

大家常說「兒子結婚後就是媳婦的」。哥哥結婚後，除非和父母同住，否則都會把新家庭擺在原生家庭前。

相反的，女生即使結了婚，大部分還是很照顧娘家。最後就變成現代社會常看到的，父母都是妹妹在照顧，哥哥幾乎不回家。

當然例外也很多，但一般來說哥哥傾向在外頭自由生活，也意味著和妹妹的距離愈來愈遠。很多姊弟檔長大後感情還是很好；兄妹檔則常是各過各的，雖然見面會講話，但也稱不上感情好。

哥哥當了「英雄」，妹妹就成為「犧牲者」？

哥哥身為長子，從小就背負著父母親戚的期待，被賦予當「英雄」的使命。大家期望他成績優異、運動表現卓越，讓他在成長過程備感壓力。

那麼，當哥哥真的成為大家期待的「英雄」，妹妹又會如何呢？因為父母期望大多集中在哥哥身上，妹妹在某種程度上或許過得相對輕鬆，沒那麼多壓力。但另一方面，這樣的環境也讓她難以感受到自己的存在價值。為了能在家中占有一席之地，妹妹可能會選擇成為「犧牲者」。

假設哥哥考上東京的大學而離家就學，父母通常會出於經濟考量，希望妹妹在家附近念書。此外，某些世代的父母至今仍保有「女生能做家事就該善加運用」的傳統觀念。為了讓哥哥有更好發展，傾向讓妹妹待在家裡，負責家中事務。

妹妹為何找不到自我價值？

日本社會重男輕女的觀念不如過去那般根深柢固，但依舊深植人心。生男孩才值得祝賀，生女孩只會讓人失望的風氣，至今仍未完全消失。

對於有兄妹的家庭而言，長子是男孩便會讓父母暫時鬆一口氣。尤其是嫡系家庭，有祖先牌位、墓地、土地、家族企業需要傳承，能否生男孩變得更為重要。

當然，在現代社會，繼承家業或祖先牌位已不再是男生的專利，但即使如此，仍有不少母親生了男孩就感到自己「總算盡了義務」。

在這種情況下，後來出生的妹妹容易對自己的存在價值產生疑惑。尤其是在深受重男輕女觀念影響的地區，周遭氛圍可能讓她不自覺感到：「我是不是多餘的？」

某次，一位三十多歲的女性個案告訴我，當年父親曾對她說「女人上大學要做什麼」，強烈反對她升學。沒想到現在還有這種觀念，著實令我驚訝。她哥哥在父母期待下進到東京的大學就讀，但對女兒卻抱持如此態度。

太過溫柔的哥哥vs獨當一面的妹妹

總是跟在哥哥屁股後面的妹妹，因為凡事「有樣學樣」，連漫畫也是看少年漫畫，對少女漫畫不感興趣。和同齡女生相比也較有男子氣概，言行舉止就像個男孩子。

不過，現代社會更常看到的組合是「溫柔的哥哥」vs「獨立的妹妹」。尤其在哥哥受母親溺愛的家庭更常見。

心理依賴母親的哥哥會和媽媽形影不離，養成脾氣好但不太可靠的個性。妹妹從小看著這樣的哥哥，內心不想被母親束縛，渴望過上自由的生活，所以早早萌生獨立的想法。進入叛逆期，母女關係益發緊張，爭吵和對立成為常態，妹妹最終選擇離開家庭。

冷眼看著緊抓哥哥不放的媽媽，自己則過著無拘無束的人生，這樣的妹妹並不少見。

活在優秀妹妹陰影下找不到立足點的哥哥

如前所述，如果弟妹比較優秀，兄姊很容易找不到立足點，自尊心也會傷得體無完膚。尤其面對優秀的妹妹，在競爭中敗下陣來的哥哥會陷入找不到自我定位的困境。

此外，哥哥也可能常聽到周圍的人開玩笑說：「你妹妹那麼厲害，你做哥哥的怎麼這樣！」結果喪失自信，甚至認為自己「沒有活著的價值」。這種心態會讓他感到自己始終處在不見天日的陰影下，難以走出陰霾。

在這種情況，哥哥最需要的是找到屬於自己的道路，但這個過程很可能讓他筋疲力盡。看著妹妹無論學業或工作都一帆風順，自己卻始終找不到方

妹妹太優秀就會傷到哥哥的自尊心，
導致從小到大都沒自信。

向，就此過著沒自信的一生。

當然，兄妹關係不同，發展也各異。現在很多兄妹到了青春期也像朋友般感情融洽，哥哥能打從心底對妹妹的成功感到開心與支持。

那麼，擁有優秀妹妹的哥哥，該如何克服內心「輸了」的感覺呢？關鍵還是在於父母的支持與理解。如果父母可以接住哥哥的內心掙扎，陪伴他找出自己的優勢，就能引導他走出困境，重拾自信。

哥哥都想成為妹妹的「理想型」？

「真希望我哥長得帥一點。」

有些哥哥因為妹妹這句話而感到受傷，尤其當他得知妹妹在學校說自己是獨生女，更是大受打擊。

對妹妹而言，年長的哥哥有如偶像般的存在，甚至會以哥哥作為理想伴侶的典範。然而，當進入青春期，注意到身邊男生後，有些妹妹開始覺得「我家哥哥一點都不帥」，與他漸行漸遠。

事實上，幾乎所有妹妹進入青春期前都有種「哥控」的情感，無疑影響了她們的戀愛觀。關於這點，我會在第四章詳細說明。

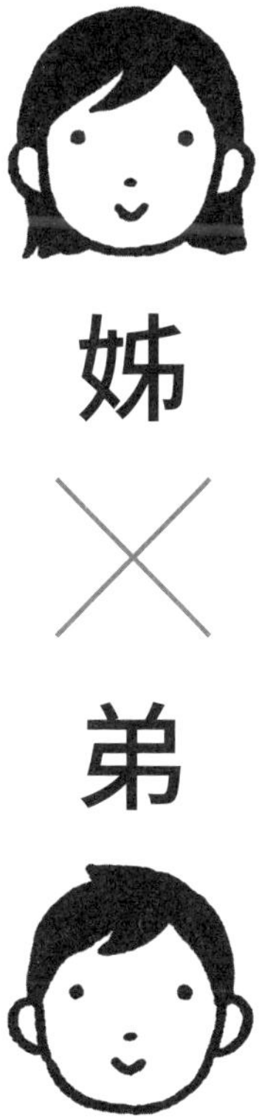

姊弟感情會比兄妹好

就像妹妹總是跟在哥哥身後一樣，姊弟檔中的弟弟小時候也是緊緊跟著姊姊，圍繞在她身邊。

然而，主導權始終在姊姊手中，所以玩的遊戲都是姊姊喜歡的類型，很少有激烈活動。例如玩扮家家酒，弟弟總是被分配到「小嬰兒」或「爸爸」的角色，雖然心裡覺得怪怪的，但還是照著姊姊指示扮演。看漫畫時也會陪姊姊看少女漫畫，久而久之，姊弟倆的興趣愈來愈相似。

在我的諮商個案中，有位女性和弟弟感情非常要好，長大後還會一起逛街、看電影，就像無話不談的閨密。這讓我想起日本有句俗話：「一姬二太郎」，意指第一胎是女孩通常比較好養，接下來再生男孩就好。或許是因為這樣的姊弟關係，才有了這句俗話。

姊姊一定會「照顧」弟弟，不論這種照顧是好是壞。弟弟也會崇拜姊姊，並且配合她。總的來說，兩人能建立起良好關係。我之前提到兄妹檔長大後大多會拉開距離，姊弟檔則恰恰相反，距離愈來愈近。

不過，感情太好也會有缺點，尤其是雙方都有男女朋友的時候。這點會在第四章詳細說明。

家裡有「兩個媽媽」？

弟弟出生後，姊姊會擔任「母親」的角色，認真照顧弟弟。當然不是只有玩扮家家酒才這樣，現實生活中也會照顧弟弟的大小事。

可能是因為姊姊是女孩子，即使年紀還小也具備母性特質。如此一來，母親也會依賴姊姊。所以在弟弟眼裡，家裡好像有「兩個媽媽」。

這對弟弟來說是好是壞，應該會有正反兩面的評價。例如，弟弟長期和媽媽姊姊在一起，很習慣和女性相處，但缺點是長大後還是很愛撒嬌。又或是，當「兩個媽媽」意見相左，弟弟就被夾在中間，耗費心力，可能會產生女生很難搞的想法。

把弟弟當家僕的姊姊vs雞婆的弟弟

目前看來，姊弟關係似乎一片祥和，但其實沒那麼簡單。表面融洽的姊弟，也可能發展成「弟弟大小事都要管的姊姊」vs「對姊姊言聽計從的弟弟」。當演變成這種關係，弟弟有時會像是姊姊的家僕或奴隸。

姊姊會隨自己高興對弟弟呼來喚去，或任性妄為，甚至對弟弟的人生都要表示意見。然而，弟弟似乎對姊姊的「無微不至」感到滿足，即使她的要求再無理也會欣然接受。

此外，身為老二的弟弟也很機靈，表面上裝成是姊姊的奴隸，實則讓自己也能從中得利，或對姊姊的指令左耳進右耳出，巧妙應對。如果弟弟培養出這種臨機應變的特質，姊弟間應該能保持適當距離。

此外，如果姊弟感情很好，父母對姊姊說一聲「弟弟的叛逆期就交給妳了」，也是個不錯的方法。

弟弟是母姊內戰的緩衝墊?!

母親和姊姊可能因為同性而經常對立，尤其當姊姊進入青春期，母女衝突會更加明顯。

媽媽和姊姊由於同性，容易對立，
弟弟夾在中間，兩邊不是人。

若家中是兄妹，哥哥通常採取「不干我的事」的態度，冷眼旁觀母親和妹妹的爭執；但若是姊弟，弟弟即使站得遠遠觀望，仍會為兩人的爭吵感到心痛。

弟弟的角色在這種情況尤其重要。他可以居中協調，化解爭執，安撫雙方情緒，讓局勢圓滿解決。帶著「小可愛」特質的弟弟，能為緊張的母女關係帶來療癒效果。

俗話說「孩子是夫妻關係的黏合劑」，而弟弟就像黏合劑般，扮演著牽繫「兩位媽媽」的關鍵角色。

母親和姊姊互相爭奪弟弟

前面提到對弟弟來說，似乎有「兩位媽媽」，接下來我想進一步分析這個情況。

對母親而言，弟弟是家中老二，又是男孩子，通常會更加疼愛與重視。而對姊姊來說，弟弟是從小一起長大的「夥伴」，她對弟弟的大小事了如指掌。所以，弟弟對母女倆而言都是生活中的重要人物，也因此成為兩人爭執的根源。

那麼，對弟弟來說，能否在兩位重要人物間左右逢源呢？其實未必。兩個都是自己重視的人，看到她們互不相讓會讓弟弟感到很痛苦。比起快樂，夾在中間的煩惱與壓力更為沉重。

無法和男生打好關係的弟弟

弟弟在家中女性成員的影響下，往往擁有「獨一無二」的立場，但也為此耗費大量心力，使他面對男生時感到不知所措。

這時，父親的角色至關重要。如果父親在家裡比較弱勢，或是工作狂，長時間不在家，缺乏存在感，弟弟就很難培養出男子氣概。因為身邊缺乏男性榜樣，這樣的弟弟通常會成為性格溫柔、帶有女性氣質的男生。這種男生能輕易和女生打成一片，但與男生互動卻感到困難。

有些男生的異性朋友比同性朋友多，很可能是因為家中有姊姊（和妹妹感情好的哥哥也會有類似情況）。這樣的男生可能會受其他男性羨慕，認為「能受女生歡迎真爽」。的確，他們很受女生喜愛，但另一方面，他們的女性氣質卻成為阻礙，讓女生無法將他們視為「真正的男人」。所以出乎意料的是，這類型的弟弟往往會在感情裡吃苦頭。

和姊姊感情不好的弟弟，命運會如何？

目前為止，我介紹了姊弟感情好會對弟弟帶來的正面與負面影響，但當然不是所有姊弟關係都是如此和諧。

有些姊姊把心思放在外頭的社交關係，對弟弟漠不關心；又或是表面上扮演「好姊姊」，但將所有壓力發洩在弟弟身上，導致弟弟從小都感受不到姊姊的愛。

如果媽媽特別疼愛弟弟，情況可能有所不同。但如果母子關係並不親密，又會變得怎麼樣呢？弟弟在成長過程中可能覺得自己不被女性所愛，長大後也不懂得如何與女性建立良好關係。連跟自己的媽媽姊姊都無法好好相處，很多弟弟因此對女性產生不信任感，甚至厭惡女性。

專欄 說了只會破壞兄弟姊妹關係的 **傷人話②**

兄弟姊妹 ➡ 其他兄弟姊妹

- **兄姊 →弟妹**

爸媽如果沒有生你（妳）該有多好。

- **哥哥 → 妹妹**

跟妳在一起超丟臉！

- **妹妹 → 哥哥**

要是有個帥一點的哥哥該有多好。

- **哥哥 → 弟弟**

這麼簡單的事都做不到嗎？

- **姊姊 → 弟弟**

你很噁心，不要靠近我！

一般來說，大人開口前，多半會先考慮自己所說的話是否恰當，通常不會不經思考就脫口而出。

然而，小孩的思維方式與大人不同，無法像成年人那樣思慮周全，往往想到什麼就說什麼。也因此，很容易在無意間傷害到對方。

事實上，我們在兒時的兄弟姊妹爭吵中，經常衝動說出許多讓對方感到被否定的話。這些言語傷害，有時會長久留在心中，甚至成為雙方永遠無法抹去的裂痕。

第3章

為何老二夾在手足三人間總是感到孤獨？

——兄弟姊妹的基本心理②

三個以上的兄弟姊妹，關係如何變化？

前面介紹了兩個兄弟姊妹的各種情況。那麼，當兄弟姊妹為三人以上，或是獨生子女、雙胞胎時，情況又會如何呢？

首先來看三個兄弟姊妹的組合，以下舉「兄×妹×弟」為例。

對「兄」來說，他同時有「妹」和「弟」，因此可以參考「兄妹」和「兄弟」兩種類型。不過，由於兄弟間多了一位妹妹，彼此關係相較於只有兄弟倆的情況，可能較為淡薄。此外，身為三個孩子中的老大，長子的責任自然更加沉重。

「妹」的情況則混合了「兄妹」與「姊弟」兩種關係，同時還受「中間孩子」特質的影響，這部分會在後續說明。

再從「弟」的角度來看，他同時涉及「兄弟」與「姊弟」兩種關係。身為老么，在三人手足中更容易展現「撒嬌鬼」、「小可愛」，甚至是「長不大」、「沒自信」等特徵，這些特質比只有兩人手足更加明顯。

此外，雖然現在比較少見，但仍有四個或更多手足的家庭。在這種情況，除了會出現更多的兩兩組合外，手足間的親疏關係也會更加多變。

以「女×男×女×男」的組合為例。假設老大（長女）與老三（次女）關係親近，並且疼愛最小的弟弟（次子），那麼老二（長子）可能會顯得格格不入，與其他兄弟姊妹產生距離。同時，長女與長子間也較難形成典型的「姊弟」關係。

年齡相差太多的老么很沒自信

曾有一位女性個案告訴我：

「我有一個哥哥跟一個姊姊，他們只差一歲，感情很好。我跟姊姊年紀

相差很多，從小就沒有姊妹的感覺。現在也覺得跟他們很不親。」

這位個案出生時，哥哥已經十歲，而當她開始懂事時，哥哥姊姊都已進入青春期。

因為是同一對父母所生，勉強算是兄弟姊妹，但畢竟相差十歲，不僅聊不來，玩的東西也完全不同。哥哥姊姊雖然會照顧她，但不會陪她一起玩。她說自己完全沒有和兄姊一起長大的實感。我在第一章也提過，在這種環境下長大的老么，其成長經驗更接近獨生子女。

此外，對年紀遠小於兄姊的老么來說，哥哥姊姊能輕易做到的事，自己卻辦不到，他們聊天的內容也常常聽不懂。這樣的老么雖然會被當成「小可愛」來疼愛，但也難以培養自信。

老么本來就容易被周圍的人視為「需要照顧的小孩」，而與兄姊年齡差距過大的老么更是如此，甚至連自己都認定：「我就是什麼都不會。」

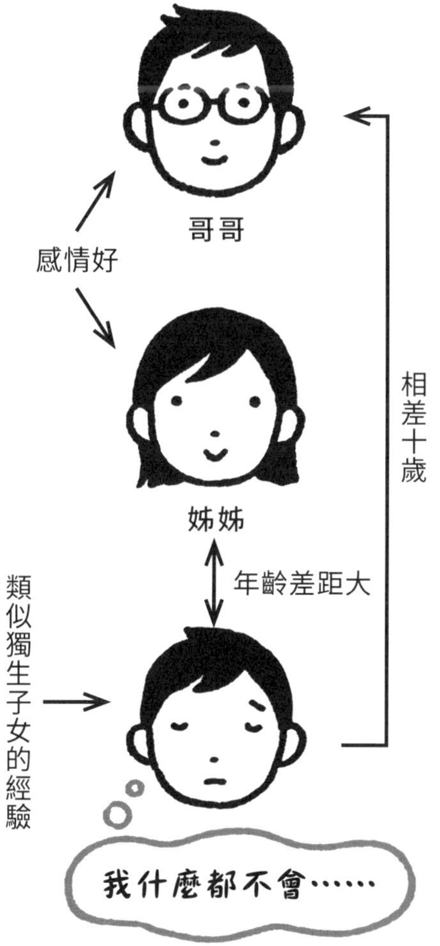

年齡差距大的老么常覺得
自己什麼都不會，充滿無力感。

三個手足的人際關係最困難

「三人組」的人際關係通常是最困難的。你是否也有過三個人一起行動時某個人顯得格格不入的經驗？聊天時容易形成「二對一」的局面，去餐廳被帶到四人座，最後還是變成「二對一」。

三人手足的情況也是如此。例如，老大和老二關係緊密，讓老么難以融入；老大很照顧老么，讓夾在中間的老二覺得自己像局外人；又或是父母對老大要求特別嚴格，導致老大與另外兩人漸行漸遠……類似的例子，我聽過不少。

當然，也有三人手足感情都很好的情況，但相對來說比較少見。不論性別、年齡差距、個性，或與父母的關係，通常會有一個人比較難融入，因而感到格格不入。他可能會選擇當「旁觀者」，與家人保持距離；或變成「搗亂者」，想辦法引人注意。

三個同性手足競爭最激烈

我偶爾會遇到有「三個同性手足」的個案，也曾有機會和這樣家庭的父母聊天。

在三人手足的家庭，每個小孩注定都有兩個對手，彼此競爭更為激烈。如果三人性別相同，好勝心又會更強。比方說拿到一塊點心時，三人必須平分，性別相同的手足間通常不會特別禮讓。升學時更是如此，以考上的學校好壞就能簡單分出優勝劣敗。

曾有一位女性個案對自己的外表懷著強烈自卑感。她家是三姊妹，兩個妹妹都像媽媽，長得很漂亮。只有她長得像爸爸，從小到大都被媽媽和妹妹們嘲笑：

「只有妳長得像爸爸，醜死了！」

其實客觀來說，她的長相稱得上是美女。或許是因為妹妹們更出眾，才讓她顯得相對不起眼。

她一直對自己的外表感到自卑，不僅在意媽媽和妹妹的看法，也會留意同學親戚的評價。為了擺脫困境，她拚命找工作，想早點搬離家裡。憑藉她的努力，後來當上護理師，工作也很順利。然而，從小累積的自卑感卻揮之不去，導致戀愛屢屢碰壁，最後來到我的諮商室。

同性間的競爭意識一旦檯面化，三個手足的戰爭遠比兩個手足更加激烈，而戰敗方將失去在家中的立足點，從此不想和老家有任何往來。

三個同性手足的異性化

即使性別相同，也在同樣父母的養育下成長，手足彼此的個性也不可能相同。

事實上，三個同性手足有個獨特傾向。假如三個都是男生，家裡唯一的女性就是母親；反之，若三個都是女生，唯一的男性就是父親。這種情況下，或許是為了取得某種平衡，手足中往往有一人會變得比其他人更女性化或男性化，異性特質特別明顯。通常這個角色最可能是老么，有時也可能是老大或老二。

我有位男性個案是三兄弟，他排行老么。根據他的說法，家中優秀的長子和很有主見的次子老是爭吵不休、拳腳相向。他身為老么，雖然從小被兩個哥哥當成「跑腿小弟」，但並沒有遭受欺負，反倒過得很自在。

或許因為是老么，他特別受到媽媽寵愛。於是在三兄弟中，他成了最具女性特質的那個。這裡的「女性特質」不是指「像女生」，而是展現出較多女性會有的特性，例如個性溫和、善於傾聽、同理心強、溝通能力佳、感受力豐富等。

此外，前面提到那位對自己外表感到自卑的女性個案，為了盡早獨立生活，培養出男子氣概。她說自己是姊妹中個性最「像男生」的一個。

性別少數不一定會被孤立

三個手足若是「兄×妹×妹」或「姊×弟×妹」，性別組成是二比一的狀況時，又會有什麼影響呢？當然每個家庭情況各不相同，不過還是可以歸納出幾個特點。

一般來說，多數的一方會是主流，少數的一方存在感較為薄弱。尤其少數那位若是老二，更容易成為「旁觀者」。

我的一位朋友家裡是「姊×弟×妹」，朋友排行老二，是長子。他和姊姊妹妹分別差兩歲，所以姊妹倆相差四歲。可能因為同性，姊妹感情很好，只有他老是覺得被冷落。在他的記憶裡，幾乎沒有三個人一起玩的經驗，自己只能去找鄰居朋友玩。這樣的關係一直持續到現在，彼此雖然會聯絡，但並不特別親近。

另一方面，也有身為少數但沒有被冷落的案例。

以少數那位是老大的情況為例。我家是「兄×妹×妹」，身為老大又是唯一的男孩，母親對我格外疼愛，家中氛圍幾乎是「凡事以哥哥為優先」。再加上我和大妹只差一歲，感情很好，從沒覺得自己被冷落。

其他常見情況還有：老么是家中唯一男孩，通常會像「小可愛」般受到全家人疼愛；老么是唯一女孩，哥哥們也會特別照顧她。

值得一提的是，是否感到被冷落，其實與父母給予的關愛多寡、和其他手足的年齡差距有關。

當家中小孩出現多數派與少數派時，父母更需要留意的是多數派間的競爭關係。

以「兩個哥哥加上一個妹妹」的組合為例，妹妹是家中唯一女兒，有相當程度的存在感，是全家人關注的焦點。如此一來，兩個哥哥可能為了爭奪父母關注，彼此競爭更為激烈。因為多了一個妹妹，兄弟競爭程度比起只有兄弟倆的組合有過之而無不及。

這種情況通常是身為長子的老大贏面較大，次子的老二輸了之後，很可能感到家裡沒有自己的容身之處。

中間孩子的獨特性格

前面篇幅提過幾次，當家中手足為三人以上時，就會產生「中間孩子」這個特別存在。

如同第一章的說明，老大是父母的第一個孩子，無論做什麼都是全家的首次經驗，自然備受關注。老么則在某種程度上像是「孫子」，所以特別討喜，走到哪裡都是焦點。

如此一來，父母最容易忽略的便是中間孩子。這會讓中間孩子產生強烈的獨立意識，通常以「旁觀者」角色和家人保持距離。

若是四個手足的情況，老二、老三都是中間孩子，不過最不容易受父母關注的是老三。

但「女×女×男×男」的情況就未必如此。畢竟老三是第一個男孩子，那麼成為「旁觀者」的就是次女老二。

容易成為「旁觀者」的中間孩子，內心其實充滿危機感。他們夾在年長和年幼的手足間，覺得自己存在感薄弱，因此努力發展出與其他手足不同的性格，以尋求自己的定位。

假如哥哥姊姊是認真用功的好孩子、弟弟妹妹是討人喜歡的可愛類型，那麼自己若也走同樣的路，很可能會被比下去，於是乾脆選擇當個和父母唱反調的壞孩子，也就是「搗亂者」。抑或是其他手足都是成績優異的模範生，自己就會選擇當個開心果、人來瘋，製造不同存在感。當然，這不是有意選擇的結果，而是在父母、手足關係作用下自然養成的性格。

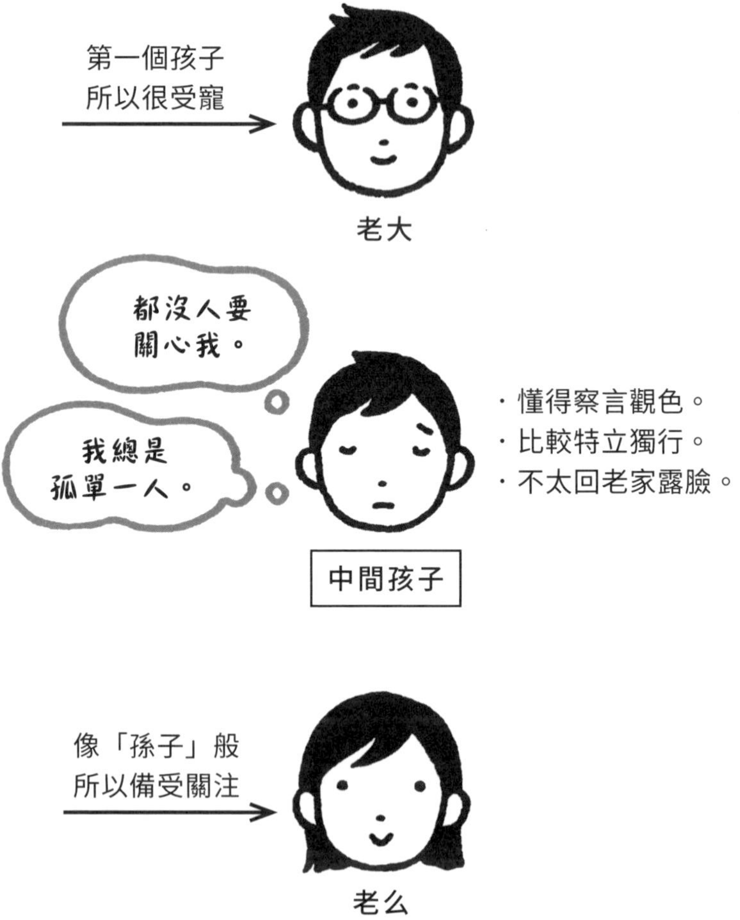
第一個孩子
所以很受寵
老大
都沒人要
關心我。
我總是
孤單一人。
・懂得察言觀色。
・比較特立獨行。
・不太回老家露臉。
中間孩子
像「孫子」般
所以備受關注
老么

中間孩子得不到父母關注，更顯孤立。

中間孩子的立場就像公司裡的中階主管，承受上層壓力的同時，下面也步步進逼。他們大多纖細敏感，懂得察言觀色。但身邊的人通常不認為他們是體貼周到的類型，這是因為他們太會察言觀色，刻意不展現出來。

雖然他們表面上看似無所謂，內心其實很容易受傷。由於不太受到父母關注，內心深處總是感到孤寂。「我總是孤單一人」、「都沒人要關心我」是他們的心聲與煩惱。

中間孩子也是手足中最早獨立的。老大被父母小心翼翼養大，老么則在眾人疼愛下長大，最不被關注的中間孩子於是早早離家，獨立生活。常見狀況是，長女留在家鄉、老么住在附近城鎮，只有中間孩子住在很遠的地方。

必須獨自負擔雙親的獨生子女

目前為止，我說明的都是手足為兩人以上的情況。另一方面，還有個不容忽視的群體，就是獨生子女。

近年來隨著少子化影響，獨生子女人數逐漸增加。獨生子女的優勢在於能獨占父母的愛，但另一方面也意味著他們必須獨自承擔雙親的一切。

曾有一位個案告訴我：

「我從小覺得當獨生子女很幸福，因為沒有人會來跟我搶爸媽的愛。但長大後才發現自己要一個人照顧老去的雙親，也沒有人可以商量，常覺得很無助。」

要理解獨生子女的心理，必須把重點放在與父母的關係。

假設母親比較脆弱，常依賴孩子，那麼孩子就會像是「媽媽的哥哥」或「媽媽的姊姊」，這樣的關係會讓獨生子女的心理特質變成「兄妹」或「姊妹」中的兄姊。相反的，如果獨生子女和母親關係很好，心態上就會像是

「姊妹」或「姊弟」中的弟妹。

另一方面，如果母親比較能幹，父親對大小事都沒意見，小孩便會不自覺處在類似中間孩子的角色，也就是媽媽像姊姊，爸爸則像弟弟。

此外，獨生子女和父母的關係愈近，通常愈晚獨立。有些人是因為害怕獨自生活；也有人是因為太在意父母，無法下定決心離開原生家庭，畢竟擔心如果自己不在家，父母會寂寞。

在有手足的家庭裡，父母的照顧大多會有所分擔；但對獨生子女來說，一切都必須獨自承擔。

假設夫妻間總是爭吵不休，獨生子女就要扮演居中調解的和事佬角色。我遇過一位獨生子女這麼描述自己的處境：「爸媽沒辦法好好溝通，我都要在中間幫他們翻譯。」相反的，也有人會說：「媽媽太愛爸爸，夫妻倆如膠似漆，我很怕自己像電燈泡，會打擾到他們。」

獨生子女的成長過程，就是這樣獨自承受與父母的關係。長大後，尤其

獨生子女因為太在意父母，
普遍不容易獨立。

是當父母關係出現問題，獨生子女的注意力往往全都集中在家裡，很可能讓他們離婚姻愈來愈遠。

雙胞胎會接受「虛擬上下關係」

那麼，一樣是手足但彼此是雙胞胎的情況又是如何呢？

雙胞胎雖然同年同月同日生，但為了方便區別，早出生的被稱作哥哥或姊姊，晚出生的就成了弟弟或妹妹。所以即使是雙胞胎，也會因教養方式不同而出現心理差異。

被當作哥哥姊姊的會具備兄姊特質，而被當成弟弟妹妹的便會接受弟妹的位置。明明同一天出生，兩人關係卻自然變成「兄姊×弟妹」。

心理學常說「環境造就一個人」，意思是不論是誰，只要處在同樣環境，就會產生相同感受、價值觀、思考模式。接觸雙胞胎案例，讓我更切身體會到這件事。

不過，女生雙胞胎雖然互稱「姊姊」、「妹妹」，但因為從小到大形影不離，比起一般姊妹，內心更緊密。同卵雙胞胎的話，連長相幾乎一模一樣，更容易覺得對方和自己是一體。

雙胞胎競爭與幸福的關聯

雙胞胎感情好的話，兩人就如同閨密，但也由於彼此太親近，不少雙胞胎都會展開激烈競爭。

我有一位個案是雙胞胎中的姊姊。她曾和妹妹一起準備某項證照考試，結果只有自己考上，妹妹落榜。此後，姊妹關係就變得不太和諧。考上的姊姊產生罪惡感，落榜的妹妹則感到嫉妒和自卑。

有些雙胞胎即使學生時期都是兩人一起度過，長大成人後隨著價值觀改變，開始漸行漸遠。

我在某場研討會上遇到一位男性告訴我：

「我的雙胞胎哥哥是會計師，每天都很認真上班。不過那種嚴肅的工作完全不適合我，我比較想創業，正在努力中。現在我們感情還是很好，希望未來我開了公司，能把會計都交給哥哥處理。」

這或許是雙胞胎最理想的關係。

那麼異卵雙胞胎又是如何呢？就我所知，性別不同的案例會有更強烈的兄妹或姊弟色彩。所以常聽到很多人說：「我們是雙胞胎，但長得完全不像，大家都以為我們是年齡相近的兄妹。」

專欄

說了只會破壞兄弟姊妹關係的**傷人話③**

外人 ➡ 兄弟姊妹

- **外人 → 雙胞胎**

你們長得一模一樣耶！

你們是不是都喜歡同類型的異性？

- **外人 → 手足**

明明是兄弟姊妹，怎麼差這麼多。

- **外人 → 手足**

你的兄弟姊妹都很聰明，你怎麼跟他們不一樣？

- **外人 → 姊妹**

姊姊（妹妹）那麼漂亮，妳怎麼長這樣？

各位應該也有過被外人說出「無心之言」的經驗吧？可能是班上同學、歐巴桑鄰居，或是叔叔伯伯之類的人。

他們或許出於好奇，但卻口不擇言，或拿你跟兄弟姊妹比較。這些話不論出於什麼目的，都非常傷人。即使說話者並非有意為之，聽者卻很難不受影響。

尤其是手足一起就讀（或先後就讀）同一所學校，老師也可能無意間說出傷人的話。我們每個人都該時刻提醒自己，不要成為這種會傷害別人的人。

第4章

為何有弟弟的姊姊很不會談戀愛？

——戀愛與兄弟姊妹

兄弟姊妹關係對戀愛的影響

接下來要進到應用篇，我會進一步探討兄弟姊妹關係如何影響伴侶關係與工作表現。

每個問題背後都有很多因素，兄弟姊妹只是其中之一，不過先了解有哪些傾向，對人生可能遇到的各種狀況都會有所幫助。

本章先探討對「戀愛」的影響。

現在老少配愈來愈常見，不過一般談到戀愛關係，討論焦點大多還是年齡相仿的男女。而說到年齡相仿的男女，不就是兄妹、姊弟關係嗎？

舉個例子，有妹妹的哥哥交了女友後，可能會下意識把女友當成妹妹來對待，不小心把自己擺在「哥哥」的角色。

相反的，如果家裡只有同性手足，成長過程中幾乎沒什麼與異性相處的經驗，對異性的一切很陌生。這樣的人戀愛時會經常覺得：

「完全搞不懂對方在說什麼。」
「還以為他是外星人。」

所以，談到伴侶關係，通常認為親子關係是最重要因素，但其實兄弟姊妹造成的影響比起親子關係更為深遠。若先有這層理解，就能打造更幸福的伴侶關係。

兄弟檔容易把理想投射到女性身上

如果是兄弟檔，那麼家裡唯一女性便是母親。小孩當然不會直接把母親當作戀愛對象，所以對家裡以外的女性往往抱有各種期待。比如在動畫或連續劇裡看到女生的房間總是很乾淨，於是他們心目中的女生就是愛乾淨、會整理的類型。

還記得第一章提到的案例嗎？那位家裡只有兄弟的男生，曾跟朋友說過他對女生房間的印象，結果對方問他：「你要不要來看看我姊的房間長怎樣？」在男人堆裡長大的男生，通常只能透過媒體等管道來建構對女性的印象，所以他們腦中大多對女生存在著「幻想」：

「房間都整理得乾乾淨淨。」
「睡覺的時候一定會穿很可愛的睡衣。」
「身上都香香的。」
「假日都在家裡烤蛋糕。」
「不會暴怒大叫、拳打腳踢。」
「房間裡擺滿了洋娃娃。」

當然，不能說這樣的女生完全不存在，不過各位女性讀者讀到這裡，應該會忍不住邊苦笑邊吐槽「哪有這種事」。總之，家裡只有兄弟的男生因為身邊沒有同齡女生，很容易對女性抱有過高的期待。

交往初期，女生也會努力達到男生的期待。男友來家裡前會提前整理房間，把隨處亂放的化妝品收好、散落一地的雜誌和漫畫一本一本排好；約會時也會盡量表現，好讓對方覺得自己「好可愛」、「好有女人味」。

然而，隨著交往時間一久，熱戀期一過，女生也沒辦法這麼努力了，漸漸將真實的自己攤在男友面前。在男人堆裡長大的男友，看到女性的「真實面」恐怕會大受打擊。

曾有位女性個案這麼說：

「我男友是長子，下面有兩個弟弟，他們一家都很傳統。男友一路以來都是讀男校，所以不只很大男人，還覺得女生應該要很清純。我能感受到他對我有著同樣期待，但我又不是那種女生，所以在一起常讓我覺得很累……

我已經想分手了。」

各位男性讀者如果家裡只有兄弟，我建議盡早知道女生的「真實面」。或許很難做到，但如果一直對女性形象抱持單方面的幻想，到頭來只會讓自己和交往對象都感到痛苦。

「男人」這種生物令姊妹檔不解

搞不懂異性的不只兄弟檔，姊妹檔也一樣，對男人的真實面感到困惑。

我有一位女性個案，父親從她小時候就被外派到異地工作，家裡只有她、母親、妹妹，都是女生。不僅如此，奶奶也住在附近，所以真的是在女人堆裡長大。

她來到諮商室的原因是感情問題。

「男人是不是都不在乎別人怎麼想？為什麼總是不好好聽人說話？自己有興趣的事就全心投入，覺得無所謂的事就不屑一顧。像是一起去逛街，一開始他還會開開心心地陪我，但沒多久就不耐煩了，搞得我也不想再繼續逛下去。

聊天也是，只會講自己的工作和興趣，說實話，我一點也不感興趣，但還是得努力回應，超累的。而且他講話根本不有趣！

還有一次去吃飯，他居然隨便挑一家連鎖居酒屋就進去了耶！難得的約會竟然選這種店，我才不要！更誇張的是，上次他隨便穿件衣服就來赴約，問他原因，他居然說是因為睡過頭！為了這次約會，我可是比平常早起，認真化了妝，特地挑了可愛衣服才去的！」

這位個案一開始抱怨就沒完沒了，停不下來（事實上，她的抱怨內容比上述還要多好幾倍）。

過去我曾出版過兩本關於男女思維差異的書，因此許多人來找我諮詢戀愛或夫妻感情問題。我也看過非常多男性和女性想法差異的例子，上述個案就是其中一個典型。

雖然不能單純用性別二分法來思考，但女生通常比較在意對方的感受，也會觀察現場氣氛、斟酌用字遣詞、重視溝通與人際關係。女性的感情也比較豐富，不論喜怒哀樂都會直接表達出來。

如果成長環境都是女生，這些女性特質應該很好理解。然而，男生是粗枝大葉的動物。講好聽是瀟灑，說白一點就是不夠貼心。所以，當家中只有姊妹，成長過程中也沒機會和男生相處的女性，自然會覺得男人就像外星生物般難以理解。

交往時因為大多是在外頭碰面，對於「無法理解之處」或許不會那麼在意，但一旦開始一起生活，就無法視而不見。因此，許多人都是在婚後才發現這些差異，為此感到震驚不已。

妹妹對哥哥的情感是「永遠的單戀」

就像第二章所說，兄妹檔的妹妹從小就像跟屁蟲，什麼事都學著哥哥做，尤其是當兩人年紀差不多，這種情況更明顯。

但男生通常只顧著自己，沒辦法周全照顧身邊所有人，所以會把妹妹當成像男生般對待。如此一來，明明對象是妹妹，哥哥卻會要求玩一些激烈遊戲，或吵起架來就動手動腳，常惹媽媽生氣。

到了青春期，和妹妹走得太近會讓哥哥覺得很尷尬，所以刻意疏遠妹妹。對妹妹來說，一直把哥哥當成偶像崇拜，這個轉變會讓她經歷數次有如失戀般的心碎感。

有些妹妹聽到我這麼說應該會立刻反駁：「才沒這種事！我哥一點都不帥，連運動都很遜，怎麼可能把他當成偶像！」如果妳也這麼想，請回家問問父母自己小時候和哥哥的關係如何。

青春期是個轉折點，我們和家人的關係通常會在那時發生劇變。進入青春期後，隨著價值觀改變，我們會按照自己的想法重新詮釋過去記憶，這是很常見的現象。

例如明明小時候和妹妹感情很好，到了青春期卻把那段記憶刪除，告訴自己：「我跟妹妹從小關係就很不好。」

另一方面，妹妹進入青春期後，也開始將生活重心轉向外面的世界，和哥哥的關係逐漸疏遠，甚至在家也完全不講話，這種情況相當常見。然而，這是否代表妹妹從小對哥哥的情感消失了呢？其實不然，只是被收藏在內心深處罷了。

把哥哥和男友放在天秤兩端的妹妹

當妹妹開始談戀愛，找到喜歡的人並且交往，那會有什麼原因讓她感情不順呢？

「老是喜歡上一個不能讓我幸福的人。」
「沒辦法打從心裡愛著對方。」
「沒辦法有一段穩定的感情。」

究竟為什麼會出現這樣的狀況呢？答案是，她心中住著「哥哥」。

當然，談戀愛時她絕沒想過心裡住著哥哥，假設有心理師指出這點，她應該會反駁「絕對沒有」。

但假設她小時候很崇拜哥哥，又經歷過好幾次心碎體驗，以下推論其實非常合理：

「妳就當成是故事，姑且聽聽吧！有個女生小時候很喜歡哥哥，老是像

個跟屁蟲，哥哥走到哪就跟到哪。她會和哥哥一起玩，每當哥哥不在身邊就會掛念他。

但哥哥長大後變得愈來愈冷淡，甚至對她不理不睬。那妹妹會是什麼心情呢？她有辦法很乾脆地甩開哥哥，把重心轉移到其他人身上嗎？

恐怕她心裡還是一直等著哥哥，默默守護他，也會不時想起那些和哥哥一起的美好時光。

當然，等到她自己進入青春期，也漸漸對哥哥失去興趣。但假設她內心深處還留著對哥哥的情感，那事情會如何發展呢？

在這樣的狀態下喜歡上別人，不就像是自己在劈腿嗎？所以她才沒辦法全心全意喜歡一個男生，也很難找到順利發展的對象，不是嗎？」

我把上面這段話告訴每次談戀愛都很短命，找結婚對象也不順利的個案，她們的回應大多都是：

「雖然很不想承認，但搞不好真的是這樣……」

姊弟檔的姊姊對男生太強勢

接下來討論與兄妹相反的姊弟關係。就像妹妹是哥哥的跟屁蟲，弟弟也同樣從小到大跟在姊姊身旁，一起玩、一起吵架。不過姊弟玩的內容和男孩子不同，都是女生的遊戲，這在第二章也說明過。

如此一來，弟弟雖然能理解女生的想法，長大後成為具備溫柔特質的男性，但也因為常被姊姊呼來喚去，變成了「工具人」。

面對聽話的弟弟，姊姊自然扮演發號施令的角色。這樣的習慣可能延伸到對其他男生的態度，甚至讓她誤以為「所有男生都該聽我的」。長大後，她也很可能不知不覺開始看不起男人。

不過，要變成這樣也需要一些條件：

- 父親經常不在家。
- 父親在家裡很沒地位。
- 父親很疼愛女兒。

姊姊看不起男人，必須具備以上條件才會成立。如果父親在家中很有地位就不會變成這樣。

不過，現在有愈來愈多溫柔的父親，許多人總是埋首工作。所以，心裡默默覺得「男生都該聽我的」的姊姊搞不好不少。尤其當對方年紀比自己小，這種強硬態度會更加明顯。她可能會下意識提出無理要求，行為驕傲、態度任性。

過去曾有位女性個案因為離婚問題來找我諮商，她也有弟弟。而她的丈夫年紀比她小，家裡有姊姊。

深聊後，她承認自己在婚後的言行舉止太過任性，開始自我反省：

姊弟檔的姊姊容易重現與弟弟的關係，
用「上對下的態度」和男性相處。

「所有大小事都是我決定。」
「老公說的我幾乎都否決。」
「我很看不起我先生。」
「我不把他的愛當一回事。」

丈夫家裡有姊姊，儘管他從小習慣任人擺布，但最後還是受不了，結婚第八年和公司女同事外遇。事情曝光後，一口氣演變成離婚。

和弟弟感情太好的姊姊很不會談戀愛？

把弟弟當「家僕」般使喚的姊姊，其實並不討厭弟弟，反而疼愛得不得了。一直照顧弟弟的姊姊自然變成「弟控」，這也會對姊姊的戀愛帶來負面影響。畢竟，有個能隨時陪玩又無話不談，有時還是優秀「家僕」的弟弟，對姊姊來說，很難再找到比他更好的男生了。

當然，姊姊並不滿意這種狀況，所以選擇和跟弟弟完全不同類型的男生談戀愛，通常是自尊心強、覺得自己最優秀的「本大爺類型」。但姊姊完全不知道該怎麼和這樣的人相處。

最後，要麼只能遠遠看著對方，要麼就被對方耍得團團轉，完全不知如何拿捏雙方距離，結果搞得自己非常困擾。

有姊姊的弟弟不會對女生有「幻想」

那麼，弟弟又是如何呢？身為姊姊的「家僕」，弟弟經常「隨侍在側」，很早就看清楚現實中的女性是什麼模樣，也不會抱有普通男性對女生的幻想。這點和兄妹檔的哥哥很不一樣，即使他們同樣都有異性手足。

以兄妹檔來說，妹妹很崇拜哥哥，所以有意無意扮演著「哥哥會喜歡的女生」角色；而從哥哥的角度，大多會覺得「我妹妹很可愛」。

但有姊姊的弟弟在成長過程看到的，則是姊姊的真實模樣，也就是和社會上普遍男性會有的想像完全相反。這並不是壞事，對於和弟弟交往的女性來說，她們無須在對方面前裝模作樣，而是能展現真實的自己，這樣的相處應該會令她們感到輕鬆自在。所以，從弟弟可以讓交往對象卸下包袱這點來看，有姊姊應該會對戀愛起到正向作用。

擄獲媽媽和姊姊歡心的弟弟就能成為萬人迷？

第二章提到，姊弟檔的弟弟同時受到母親和姊姊的疼愛。為了最愛的弟弟，兩個女人甚至展開爭奪戰。在母姊雙方寵愛下長大的弟弟，覺得「全世界的女生都喜歡我」也不奇怪。

就結果而言，弟弟通常不會排斥女性，不論對方是誰，都能相處融洽。

再加上，他從小就被「調教」成懂得為姊姊「犧牲奉獻」的人，所以練就一身讓女生開心的技能。如此一來，弟弟很可能成為女生的焦點，擁有「萬人迷」的潛力。

不過，他受歡迎的方式和一般人理解的有些不同。並不是那種會讓女生尖叫「哇！好帥!!」的偶像型，而是「很聊得來」、「相處輕鬆」、「沒有壓力」的親切型。因此，女生是否把他當成「男性」看待，可能很難說。

此外，如果交往對象剛好是姊姊類型的女生，弟弟很可能又被當成「家僕」使喚，就像姊姊對待自己那樣……因此在交往過程中，弟弟可能不自覺在女友身上重現自己和姊姊的關係。

那麼，如果姊姊性格軟弱、不太可靠，總是需要弟弟幫忙，情況會變得如何呢？弟弟很可能把姊姊視為比戀愛還重要，認為「我不能丟下我姊不管」。極端情況下，甚至會產生「我只要姊姊，不需要其他女生」的想法，因而無法與別的女性建立感情。這樣的情感，與妹妹對哥哥那種帶有戀愛色彩的情感不同，可能是因為女性對戀愛有著更強烈的熱情。

有妹妹的哥哥談戀愛成敗取決於對象?!

身為妹妹的「偶像」，又在母親愛護下長大成為「英雄」的哥哥，心裡想法是「所有女生都會喜歡我」。

有句話叫「心想事成」，內心怎麼想，就會打造出什麼樣的人生。覺得自己受女生歡迎的哥哥，通常在現實生活中真的如此。當然也會出現其他問題，例如「個性很大男人」、「（像對妹妹一樣）常用上對下的態度」。

不過，很多女生其實都有「希望男性主導」、「喜歡有男子氣概的人」、「想成為男人的後盾」等想法，若是這種情況，雙方就能契合，關係也會進展得很順利。

當然也有不順利的情況。當女性覺得不能輸給男人（也就是姊姊類型的女生），雙方就會起衝突，關係無法長久。從一交往就爭吵不斷的情侶，應該就屬於這種類型。

不論和妹妹感情好壞，哥哥都很不會談戀愛

相反的，如果哥哥一直被妹妹看不起，總是對她言聽計從，那麼哥哥可能會一直記得妹妹毫不留情否定自己或苛責自己的畫面。這樣的哥哥身為男人，不僅覺得顏面掃地，還可能失去男人的自信。長此以往，輕則對女性產生不信任感，重則對戀愛完全提不起興趣。

反過來說，也有雙親忙於工作，大部分時間都是兄妹兩人相處；或妹妹是「搗亂者」，哥哥認為自己是家長，必須保護她，一心想成為「英雄」。無論何者，這種兄妹關係都很棘手。因為兩人感情非常親密，幾乎沒有其他女性可以進入他們的世界。最終，哥哥因為和妹妹以外的女生接觸太少，變得

很不擅長談戀愛。

「姊×兄」的戀愛組合總是上演格鬥技

當老大背負雙親期待，立志成為「英雄／英雌」，並且屢戰屢勝，就會建立起強大的自信。

有自信不是壞事，但同時也會讓老大具備自尊心強、好勝的特質。這會讓他們自認比弟妹高人一等，兄弟姊妹裡就數自己最優秀。如果父母也在一旁敲邊鼓，附和「果然哥哥最厲害」、「姊姊真了不起」，更容易養出這種特質的老大。

那麼，當這樣的哥哥或姊姊互相交往時，情況會是如何呢？我想就像是把兩頭肉食動物關在同個籠子裡，動不動就起爭執。他們心裡當然愛著對方，但就是無法接受自己當「輸家」，所以一點小事也互不相讓。

過去曾有一對已經訂婚的情侶來找我諮商。原因是他們決定結婚後就爭吵不斷，以致懷疑還要繼續下去嗎……

這對情侶彼此都很優秀，是社會上的菁英。剛開始交往時，兩人都很開心找到最棒的伴侶，於是很快介紹給雙方父母認識，也訂了婚。但從那一刻起，事情都不對勁了。

不論大小事，雙方價值觀都不相同，衝突發生後沒有一方願意退讓，堅持己見的結果就是對話永遠在平行線上，沒有交集。比如針對婚後家庭財務管理，女方主張「由妻子全權負責」，男方則認為「各管各的」，兩人始終無法取得共識。諮商過程中也有好幾次我必須介入喊停，否則他們就要開始互相批評對方。

兩人都各自是「英雄」與「英雌」，自尊心強烈，因此堅持主張「我才是對的」。

後來我建議他們「試著把對方的話聽進去」，並思考「為什麼對方會那樣想，原因又是什麼」：

「為什麼妳（太太）認為自己管理財務比較好？」
「為什麼你（先生）認為各管各的比較好？」

經過幾次諮商後，他們慢慢理解對方的想法。

女方家是母親比較能幹，家中財務都由母親一手包辦，也處理得很好。反之，男方家裡是雙薪家庭，父母不會插手對方的收入。也就是說，雙方都受原生家庭的強烈影響，而這正是兩人起衝突的原因。

「英雄／英雌」往往肩負著原生家庭的重擔，認為自己家的做法才正確。強烈自尊心也阻礙他們互相讓步，腦中唯一想法就是「不能輸」。

諮商過程中我也同時發現他們彼此相愛，都想好好與對方相處。不論他們嘴巴上說什麼，內心其實很愛對方。

當我們與伴侶意見不合、互相對立時，很容易只看到對方的缺點，忽略了自己對對方的愛或對方對自己的愛。如果能在此時釐清爭執背後的原因，同時確認彼此依然相愛，就能減少許多衝突。

這對情侶開始傾聽對方，後來也順利結婚。婚後偶爾還是會來找我諮商，但感情依然融洽。

優柔寡斷的弟弟與「哥控」妹妹原地踏步的戀愛

「我和男友交往七年多，但他完全沒有結婚的打算。我年紀也不小了，不知道該不該繼續這樣下去。他對我很好，我也不捨得跟他分手……」

這是某次一位三十出頭的女性個案來諮商時告訴我的。

跟她聊了許多後，發現她是超喜歡哥哥的妹妹。而她男友是在兄弟之爭中輸掉的弟弟。

輸給哥哥後，男友失去男人的自信，變得溫和善良，但同時也優柔寡斷，總是拿不定主意。約會時很少主動提出想法，老是說「去哪裡妳決定就好，我都可以」。

這位女性個案的「英雄」哥哥是全家人的驕傲。崇拜哥哥的她，長大後遇到煩惱都會找哥哥商量，是個標準的「哥控」。因此，即使她很喜歡這位男友，卻常覺得他不太可靠，希望他再有主見一點，下意識把對方和哥哥放在一起比較。

朋友聽了她的煩惱後都這麼建議：

「你們合不來。」

「早點分手吧！」

「妳應該找個更MAN一點的男人。」

兄妹檔的妹妹談戀愛時，
會下意識把男友和哥哥做比較。

雖然一方面也是事實，但她內心其實早已認定「男子氣概的男人，有哥哥就夠了」，所以才下意識喜歡上和哥哥截然不同類型的男性。

而哥哥對於她的煩惱則是這麼回覆：

「只要妳幸福，對方是誰都無所謂。妳要跟他結婚也可以，分手也沒關係，妳決定就好。」

實際上，她曾帶男友去見哥哥。碰面時，男友對哥哥客客氣氣，聊天時也都在附和，讓哥哥心情大好，對這位男友相當滿意。換句話說，這對情侶的相處模式，完美重現了兄妹或兄弟關係。

我的建議是：不用對男友抱持過高期待，也不要拿他和哥哥比較，而是把重心放在他的優點和魅力上。想讓這段關係順利發展，自己要扮演主導的角色。此外，既然有哥哥這個可靠後盾，我也鼓勵她多和哥哥商量，一定會有所幫助。

聽進這些建議後，她的感情如順水推舟般有了快速進展，不久後便步入婚姻。結婚後，那個「不太可靠」的男友也有了顯著成長，成為既疼愛孩子又認真工作的好爸爸與好老公。

老是愛上爛男人的女生

接下來，我想探討的是大家常聽到的「戀愛鬼故事」中，不少案例其實都受兄弟姊妹關係的影響。

當然，個體差異很大，親子關係、青春期的人際關係、過去的戀愛經驗都可能是關鍵因素，所以不能單純將問題歸咎於兄弟姊妹關係。不過，相較之下，兄弟姊妹關係確實更容易對戀愛產生影響，請大家從這個角度來閱讀接下來的內容。

首先是老是愛上爛男人的女生，主要分成三種類型：

①很沒自信，覺得只有爛男人才願意和自己交往。

②喜歡照顧男生，不自覺把對方「泡在糖裡」。

③有強烈罪惡感，覺得談戀愛而獲得幸福的自己不可原諒。

那麼，這些類型分別如何受兄弟姊妹關係影響呢？

我認為①是，其他兄弟姊妹都比自己優秀，父母和周遭人也只關注他們，沒人在意自己，所以變得沒自信的姊姊或妹妹；或是在家裡找不到立足點，感覺不到存在意義的中間孩子；也可能是和哥哥姊姊年紀相差很多，從小就被當成「什麼都做不好」的妹妹。

②是很常見的情況，嚴格說來，應該將這種把男生寵壞的女生稱作「爛男人製造機」。我認為這類女生是從小到大負責照顧弟妹甚至雙親的姊姊。

我的諮商個案中也有許多這樣的女性。她們習慣照顧別人，在愛情裡也是如此，所以經常吸引到爛男人。

最後，③是出於某種原因，心裡對其他兄弟姊妹有罪惡感的人，而其成因大多可追溯到親子關係。

以上是針對總是深陷爛男人泥沼的女性所做的心理分析。各位若想了解為什麼有些男性老是喜歡上有問題的女生，只要把上述內容中的姊妹換成兄弟，就能看出端倪。

老是被劈腿的女生

這種女生也有幾個可以想見的原因，列舉如下：

①無法對男友態度強硬，只能一味忍讓。

②覺得「像我這種人，有人願意跟我交往就謝天謝地了」。

③對男友太過強勢（男友轉向其他女生尋求慰藉）。

④不把男友的愛當一回事（男友就去找別的女生了）。

我認為這些類型受兄弟姊妹關係影響較小。不過，①和②可能是被高高在上的哥哥看不起的妹妹，或原生家庭嚴重重男輕女，只有男生備受重視的姊姊或妹妹。③可能是把弟弟當家僕使喚的姊姊。④則是在哥哥溺愛下長大的妹妹。

不能結婚的男人

假如是以下這種手足關係，很可能會「恐婚」。

成長在只有男生環境的哥哥或弟弟，對異性缺乏理解，因而下意識與女生保持距離。漸漸的，他們只和同性朋友來往，對異性失去興趣（正確來說是只把女性視為性需求的對象）。

同樣是兄弟檔，若在成長過程中經歷過激烈競爭，最終敗下陣來，喪失身為男人的自信，這樣的哥哥或弟弟也可能對結婚失去興趣。類似情況也會發生在被姊姊掌控的弟弟，或被妹妹看不起的哥哥身上，當他們失去自信，對婚姻和未來的期待也會變得模糊。

此外，家裡有三個或四個小孩，若老大是長子，由於從小要照顧弟妹，心理上可能很接近「已婚」狀態。相同情況若發生在長女身上，就容易成為「不能結婚的女人」。

在家中扮演「旁觀者」角色，與家人保持一定距離的人，也可能有類似情況。他們通常是中間孩子，或與其他手足年齡差距較大，覺得自己難以融入家庭，進而對結婚（即擁有自己的家庭）失去興趣。

現在的時代，結婚不再是唯一獲得幸福的方式，把結婚視為人生一大目標的想法已經過時。不過，若各位男性覺得自己「明明很想結婚，卻老是不順利」，上述分析或許能提供參考。

把友情看得比愛情重要的人

在男人堆裡長大的男生，從過去經驗感受到「跟男生在一起更有趣」，所以即使交了女朋友，還是常與男性朋友相處。這類男性通常喜歡戶外活動，也不太會讓女友參與其中。由於他們將男性朋友放在女友之前，常讓女方感到孤單。

另一方面，如果女生在男人堆裡長大，往往覺得和異性在一起比和同性相處來得輕鬆愉快，因為無須應對女性間特有的互動方式。

此外，只有兩個兄弟姊妹的姊弟或兄妹中，「使喚弟弟的姊姊」與「受哥哥疼愛的妹妹」因為從小習慣有男生在身邊照顧自己，也會和不少男性朋友保持聯繫，經常一起吃飯喝酒，惹得男友醋勁大發，也就是前面提到的女生版情形。

順便提一下，有時姊妹間也會有一人扮演「男性角色」。雖然是女生，但想法更接近男生。例如在三姊妹中，只有老二擁有最多男性朋友，也較容易交到男友，就是典型案例。

老是想控制男友的女生

有些女生一旦確定交往關係，就想控制男友的行動，理由通常是「我很怕他不愛我」。

「不好好盯著，他就會去找其他女生。」

「不掌握他的行蹤，他可能會背叛我。」

交往對象常讓她們有這種感覺，其原因可從手足關係找到線索：

- **父母總是關心弟妹，身為能幹的姊姊經常感到孤單。**
- **與優秀兄姊相比顯得不起眼的妹妹，總是找不到容身之處。**

這些都是典型案例。

此外，身為老大的長女若在過度干涉又神經質的母親控制下長大，也可能變得如此。很多姊姊都不自覺用媽媽對待自己的方式來控制男友。

以上探討了兄弟姊妹關係對戀愛的影響。如果各位正為戀愛或婚姻困擾，不妨像我介紹的諮商案例一樣，重新檢視兄弟姊妹關係，就可能改善眼前問題。希望本章內容對你有幫助，解決你面臨的困難。

下一章會分析兄弟姊妹關係與在家扮演的角色如何影響工作表現。

第5章

為何獨生子女無法融入團隊？

——工作與兄弟姊妹

職場上也會出現類似「家人」的關係圖

兄弟姊妹關係也會影響我們的工作。比如團隊成員都是哥哥，容易動不動就起衝突；由姊姊管理都是弟妹的團隊，一不小心就會暴走；在團隊中容易被孤立的是獨生子女；有了下屬就不知所措的則是老么。

當然未必絕對如此，但了解兄弟姊妹心理，說不定對各位所屬團隊目前面臨的問題能迎刃而解。

我在第一章介紹了「家人的五種角色」。一個人在原生家庭中扮演的角色並不限於家庭，離家之後進到各種組織也持續扮演著同樣角色，可說是每個人建立人際關係的「原形」。

舉例來說，從小背負期待，立志成為「英雄」的哥哥進到職場後，通常也以「英雄」為目標，發揮領導力。受全家人疼愛的「小可愛」妹妹在職場裡，大多同樣扮演療癒系角色，負責讓大家開心。扮演「旁觀者」的中間孩子在組織中，也傾向把自己放在與大家有點距離的位置。為了家人付出一切，扮演「犧牲者」的姊姊在組織裡，通常擔任幕後推手的角色。

如第一章開頭提過，我諮商時的切入點是：上下關係問題主要來自親子關係、平輩關係問題多來自兄弟姊妹關係，由此探討個案的心理。

有位男性個案常和上司起衝突。他和父親關係極度糟糕，青春期過後幾乎斷絕父子關係。

另一位男性個案的煩惱是很不擅長團隊合作，也無法融入團體。他是老么，有兩個比他年長許多的哥哥，從小就感到和家人很疏離。

一位總是攬下許多工作的女性個案表示，上班時間幾乎都在協助同事處理他們的事，自己的工作只得加班處理。她在家裡，則是對弟妹照顧得無微不至的姊姊。

另一位頭腦靈活、優秀開朗的女性個案提到自己的煩惱：「哥哥成績比我好，媽媽都只誇獎哥哥，所以我很沒自信。」因此，即使遇到很想挑戰的專案，也認定自己無法勝任而推辭；主管則認為她的自我評價過低，常鼓勵她對自己有自信點。

由此可知，兄弟姊妹關係或多或少會影響我們在團體裡的行為。從下一節開始，我會透過具體案例來說明。

團隊建立與兄弟姊妹

哥哥或姊姊因為責任感強，很適合擔任領導者。但他們通常不知變通、一板一眼，如果團隊裡有具備互補特質的成員從旁協助，就能有效發揮團隊（或搭檔）能力。一般來說，這種協助角色除了適合由尊敬兄姊的弟妹擔任外，有時也會由在家中扮演「犧牲者」的姊姊負責。

另一方面，扮演「旁觀者」的中間孩子、我行我素的弟妹，或很難融入群體的獨生子女就不太適合，他們很容易和個性耿直的兄姊起衝突。

反之，如果弟妹成為領導者，團隊中的兄姊往往會看他不順眼，甚至明著跟他一較高下。這種情況，弟妹適時向兄姊請益或依賴他們，讓對方感受到尊重與存在感，應該就能打造良好的團隊。

即使同樣是兄姊，每個人成長環境不同，不能一概而論。不過，組織團隊時若將兄弟姊妹特質納入考量，應該能更有效發揮團隊戰力。

責任感太強，把事情都攬上身的「英雄／英雌」

一般來說，擔綱「英雄／英雌」角色的都是老大。當然也有例外，出於家人彼此的關係，有時這個角色也可能落在弟妹身上。但無論由哪個孩子擔任，在父母親友的期待下，「英雄／英雌」通常表現優秀、品行端正，除了是其他手足的榜樣，還具備優異的領導能力。

然而，為了不辜負演出這個角色，他們總是過度努力，把「達成他人的

「英雄／英雌」經常
一個人扛下太多事情。

期待」當作己任，最後承擔了超出必要的工作量。

如果責任感過強，最後把自己逼到無法負荷，即使出發點是好的，也會帶來問題。別人可能覺得這樣的人「總是不經過討論就自己決定」、「什麼事都攬在自己身上」，這種做事方式有時會影響團隊運作。

被過多工作量壓垮的姊姊

我有一位女性個案在一間門市負責領導所有店員。她做事俐落能幹，在同事間很有人望。她所帶領的門市業績年年成長，非常有經營手腕。

店長因為要負責督導多家門市，便將該店的一切交給她處理，自己幾乎不會露面。起初店員間相處融洽，後來其中兩名店員（姑且稱他們為A店員和B店員）開始不合。兩人脾氣都很硬，也有點任性，雖然工作能力不錯，但常互相較勁。

這位個案家裡是兩個孩子，她是姊姊，有個妹妹。A店員是獨生女。B店員則是妹妹，家裡有姊姊。

某次，A店員和B店員在接待客人時起了衝突，甚至把客人捲了進來。後來雖然場面大事化小，小事化無，個案也分別找兩人談過，情況看似恢復正常。然而不久後，眼看就要進入旺季，正準備迎接忙碌時期，A店員卻突然提出辭職。

「這時要是少了一個人力就慘了！」個案拚命勸A店員留下，但畢竟跟合不來的人共事太痛苦，A最後還是毅然決然辭職。個案將這件事視為自己的責任，決定靠自己努力填補A店員的空缺。她向店長報告時，只保證「我一定會想辦法，請不用擔心」，但並沒有詳細說明狀況。

來到旺季，她完全沒有休假，努力工作，最後身體撐不住而病倒了。這間店不僅少了有工作能力的店員，連最可靠的領班都病倒了，店裡亂成一團，店長只能趕緊從其他門市調派人員，設法撐過那段時期。但早知如此何必當初呢？最後，門市錯失最能賺錢的時機點，營收也大幅下滑。

有責任感當然不是壞事。這位個案遇到事情都會想辦法自己解決，但若能更早向店長說明詳情，討論如何解決兩人的衝突，或許事情發展就不一樣了。不過，她的個性恐怕是做不到吧！

如果是「小可愛」的老么遇到這種情況，我猜會更早發出求救訊號。這不是在評論誰對誰錯，只是過度強烈的責任感也可能鑄成大錯，這就是個很好的例子。

搶著當隊長的兄姊

有責任感的「英雄／英雌」在領導者的位置上通常表現出色。然而，若初次擔任管理職，或剛調到新單位，對狀況還不夠熟悉，難免會不知所措。這種情況下對很多事情不清楚是很正常的，但他們不擅長尋求協助或請人幫忙，而是選擇硬著頭皮自己摸索解決。

即使不是擔任領導者，他們也不擅長與同事建立良好關係。比如開會討論時，常堅持自己的做法才正確。大家對他們的評價大多是「能力很強，但不好相處」。隨著工作愈來愈上手，他們甚至開始挑戰團隊裡的「英雄／英雌」領導者，嚴重時甚至試圖搶走對方的工作，對其他同事的態度也像上司對下屬。最後，在團隊中逐漸被大家孤立。

「我覺得不應該那樣做。」

「為什麼要採用那個方案？我認為另一個比較好。」

他們會不斷表達這樣的意見，彷彿強調自己才是頭。

一旦自己的意見沒被採納，就會明顯表現出不情願的樣子，或擺出彆扭的態度。如此一來，情況會變成怎樣呢？明明是「英雄／英雌」角色，最後卻成了讓團隊陷入混亂的「搗亂者」。

這個案例凸顯出哥哥或姊姊不夠靈活所導致的問題。成為領導者前，應該先把交辦的工作做好，並適時協助領導者。領導者同樣是團隊的一員，是夥伴而不是敵人。如果想讓團隊和自己都發揮戰力，與其和領導者針鋒相對，不如思考如何協助他。

誰能當上領導者或許是由組織高層決定。但在擔任領導者前就被其他成員孤立，這樣的人很難管理整個團隊。

不知如何與後輩相處的弟妹

以「小可愛」角色在家中占有一席之地的人（通常是老么），在組織裡擔任基層職位時，就會成為帶來歡樂和療癒的存在。

他們是「撒嬌專家」，遇到不懂的事會坦率表現出來，周圍人總是投以溫暖的目光。所以當遭遇困難，他們很容易得到協助。這點與身為「英雄／英雌」的哥哥姊姊形成鮮明對比，可說是兩個極端。

然而，他們並非永遠都能感到安心。在基層位置時，情況都還算好，一旦來了比自己資淺的新同事，無論部門異動或新人加入，這樣的變動就會令他們感到手足無措。因為在家裡，自己一直是最小的那個。如果學生時期又從未參與過社團或校隊，那麼一直到出了社會，才第一次面對所謂的「後輩」、「部下」。

一位有哥哥的女性個案在諮商時這麼對我說：

「我進公司第四年了，我們單位開始有新人進來，我好像得負責帶他。但我其實很多地方都不懂，每次都要私下請前輩幫忙，我怎麼可能帶人？新人被我這種人帶，感覺有點可憐。我很怕自己做不好被發現，然後大家都覺得我很笨，真的好擔心。」

當然，她也找過前輩商量這件事，但還是很煩惱：

「大家好像都不把我的話當一回事。以前老愛跟我開玩笑的前輩還說：『沒關係、沒關係！我們也沒期待妳能做多好，像平常那樣就好。』但我根本不知道『平常』是怎樣啊。

另一個前輩也一派輕鬆地說：『沒關係，有不懂的就來問我們。』但在新人面前動不動就去請教前輩，新人一定會懷疑我『很不可靠』。說到底，要是我自己能幹一點就好了……」

我是這麼對她說的：

「部門主管一定是看好妳的特質才會把新人交給妳，如果真的覺得妳做不來，一開始就不會指派妳負責。妳只要當個也能被後輩開玩笑的可愛前輩

一向擔任開心果角色的弟弟妹妹，
在新人進來後會變得不知所措。

就好，誰說前輩一定要很威風？那不就無法發揮妳的長處了嗎？」

弟妹在成長過程中常被拿來和兄姊比較，這樣的經歷容易讓他們沒自信，自我評價過低。即使是「努力就能做到的事」，他們也會認為自己做不到。帶新人其實也是「努力就能做到的事」，但正因為缺乏自信，才感到後輩的存在對自己構成威脅。

弟妹就當不了領導者嗎？

弟妹往往希望自己處在團隊裡最基層的位置。對他們而言，協助他人或處理被交辦的任務並不是苦差事，進而創造團隊和諧。不過，一旦成為領導者，情況就不同了。他們對責任的壓力過大，反而無法好好發揮自己的優點；或反過來變成暴君般的領導者，讓團隊亂成一團。

那麼，弟弟妹妹就當不了領導者嗎？其實不然。他們擅長撒嬌，也知道如何請求他人幫忙，而且很機敏，能靈活應對。只要將這些優勢發揮在領導工作中，便能大有作為。

他們適合當那種在一旁激勵大家「一起加油」的領導者，而不是帶頭說「大家跟著我走」的領導風格。他們善於聆聽成員意見，從中找出最好方法，能打造出「溝通無礙的團隊」，而不是像哥哥姊姊那麼固執己見，認為「我才是對的」。

他們也不會逞強，而是展現真實的自己，讓成員願意協助他們。這種風格不僅能讓團隊向心力強，也更容易有好成績。

在團隊裡也找不到立足點的中間孩子

中間孩子在手足中往往成為「旁觀者」，與家人保持距離。有些父母的教養方式甚至讓他們在成長過程中感到「自己沒有存在的必要」、「這世上沒有人能理解我」，帶著這種想法長大。

這樣的人在團體裡也很容易感到格格不入。由於長期處於「旁觀者」的角色，缺乏合作能力，有時還會無意間破壞團隊和諧，變成我行我素的「搗亂者」。

不過，中間孩子具備獨立完成工作的能力，同時從小看著兄姊的經驗，做事情很快就能抓到訣竅，領悟力強。所以，只要給予他們明確角色與適度自由，讓他們自主處理工作，通常都能表現得很好。從這個角度來看，不要勉強他們融入團隊，反而更能發揮他們的長處。

此外，中間孩子能從客觀角度觀察團隊，擅長發現問題。領導者可以詢問他們對團隊狀況的看法，雖然忠言逆耳，但往往能獲得有價值的意見。藉由這樣的方式，中間孩子即使與團隊保持一定距離，仍能在其中找到自己的立足點，並盡一己之力，協助團隊進步。

無法融入團隊的獨生子女

同樣難以融入團隊的還有獨生子女。尤其對從小被父母捧在手掌心長大的獨生子女更是困難，很多時候他們甚至會變成「搗亂者」。

成長過程主要與大人相處，他們不擅長理解他人心情。沒有手足則使他們難以與同輩建立良好關係，也不太理解為何大家要同心協力達成目標。因此，他們做出看似破壞團隊和諧的舉動，並非有意為之。

如果團隊裡有「好哥哥」、「好姊姊」，就能幫助不了解團隊意義的獨生子女體驗過去未曾有過的「類手足關係」。大多數獨生子女進入社會前，可能在學校、社團或才藝課有過類似經歷，但也有些人完全沒有這些體驗。只有自己無法融入團隊，獨生子女也會感到自卑。這時，哥哥姊姊的支持就顯得格外重要，能幫助他們找到屬於自己的位置。

獨生子女原本就有強烈的責任感，只要讓他們感受到自己被接納與需要，一定能發揮原有實力。

最適合創業的是「姊×弟」組合？

分析各種兄弟姊妹組合後，會發現最適合創業的是「姊姊×弟弟」搭檔。有領導力的姊姊與在背後支持她的弟弟，兩人性格正好互補。

扮演「英雌」的姊姊不但具領袖魅力又精明能幹，創業時能給予明確指引。她在外頭十分活躍，能成為公司的「活廣告」。積極果斷的性格，也讓她善於與各單位協商溝通。

弟弟則擔任幕後推手，負責處理姊姊無暇顧及的實務與細節，確保業務順利運作。但弟弟的工作不只是對姊姊的指示照單全收，還要直接提出意見、修正她的錯誤，更要在必要時拉住她，以防她暴走。

當然以上是理想狀況，能否如此順利還取決於父母的教育方式。不過，如果是在典型姊弟關係長大的事業搭檔，確實能穩定推動事業成長。

此外，當家中事業要由孩子們繼承時，又可能有哪些發展呢？

若兄弟倆從小有著各種愛恨糾葛，他們的好勝心或許能帶動公司業績成長，但也可能因爭奪功勞而鬧翻。如果有個妹妹負責擔任兄弟間的「潤滑劑」，甚至在必要時扮演「犧牲者」，發揮其調解能力，肯定大有幫助。

不僅如此，讓性格獨特、不太合群的中間孩子站在客觀立場，綜觀全局進行分析；再把能為職場增添歡樂與療癒效果的老么也拉進來……透過這樣的「人事布局」，相信能有效擴大公司業務。

壓力大時最有用的是弟妹特質

接下來，我會假設幾個工作上會遇到的具體狀況，思考這些情境下該如何運用兄弟姊妹特質，化解難題。

工作上常遇到壓力極大的情況，例如攸關公司命運的專案、非拿下不可的訂單簡報、和重要客戶議價等。兄姊類型的人往往會舉手大喊：「我有辦法！」但也可能徒有衝勁，缺乏抗壓性，導致結果事與願違。

此外，當公司在「不成功便成仁」的高壓氛圍下，即使聚集眾多優秀人才，卻全是兄姊型性格，彼此互不相讓，反倒拖累團隊表現。在這種情況，需要的是「小可愛」型的老么。他們令人又愛又恨的特質，能適時緩和團隊的緊張氣氛，也能在談判時帶給對方好印象。

閱讀至此，各位或許覺得老么在團隊裡是「可有可無」的存在，但在一片肅殺之氣下，他們著實能發揮關鍵作用。

強勢談判的場面就交給姊姊

能幹的長女個性直率、強勢又認真。缺點是不懂得適時踩剎車，但換個角度看，這也讓她勇往直前。其一板一眼的特質，在某些情境下反而能發揮關鍵作用。

當需要強勢出面的場合，派姊姊類型的人上場，能讓談判朝對自己有利的方向發展。雖然強勢，但她具備察言觀色的能力，懂得適時傾聽對方看法，不會一味硬碰硬，能讓溝通進行順暢。

相比之下，哥哥雖然同樣能幹，卻不擅長溝通。談判時，他們很難準確掌握「再繼續逼近，可能適得其反」的時機點，就這點而言，姊姊確實略勝一籌。不過，若遇到需要講道理的場合，哥哥就能發揮他們的長才，展現過人實力。

弟妹的能力用在私下協調

從小看著兄姊，從中掌握訣竅的弟妹，很擅長私下與各方協調。

需要強勢一點的場面，就借重姊姊的談判能力。

「想讓爸媽接受我的意見，就要先拉攏姊姊。」
「瞞著哥哥偷偷行動，想辦法不會被媽媽罵。」

像這樣先擬定「策略」，再巧妙處理大小事是他們擅長的。因此，正式談判交給兄姊類型，事前溝通和事後追蹤則交給弟妹類型。透過明確的角色分工，能讓談判順心如意。

顧全大局的老大

三個以上手足的老大，應該是各種兄姊組合中最適合當領導者的類型。因為家裡孩子多，老大通常要扮演父母與弟妹間的橋梁。不僅如此，從小就像個管理職一樣，負責指導弟妹，分擔父母的工作。因此，這樣的老大往往具備顧全大局的能力。

在工作上，他們擅長綜觀大局，判斷如何推動業務。觀察團隊成員的同時，兼顧個別需求與整體發展，引領團隊前行。這就是為什麼我認為三個以上手足的老大特別適合擔任領導者的理由。

不過，這種特質有時也可能讓他們選擇成為「犧牲者」，壓抑自己，成全他人，所以還是要特別留意。

誰能擋住在會議上暴走的哥哥？

想讓會議順利進行，並得出有建設性的結論，大家應該會希望由兄姊類型的人來擔任主席。尤其是需要有明確結論的會議，讓邏輯清晰、不容易受情緒影響的哥哥來擔任是最適合的。

然而，哥哥有時也可能為了快速得出結論，過度主導討論方向，反而失去開會的意義。這種情況下，若能讓敢對哥哥直言不諱的妹妹，或擅長與哥哥建立良好關係的弟弟一起參與，他們就能適時拉回一意孤行的哥哥，確保討論更加平衡。

此外，同樣是哥哥也有不同類型。兄弟檔的哥哥更為強勢；有妹妹的哥哥較能顧慮到周遭的人；三人以上手足的哥哥（老大）則能不帶偏見綜觀全局，很適合擔任主席。

當會議討論進行不如預期時，觀察所有出席人員的兄弟姊妹屬性，可能會發現以下狀況：

「怎麼好像討論都各說各話，原來在場的都是兄姊。」

「討論完全都沒進展，一直離題，原來出席的都是弟妹。」

除了會議之外，各位也可以在各種工作場合將兄弟姊妹類型納入考量，運用這樣的思維安排人才配置，說不定能讓事情更順利推進。

三種類型的人能主導都是女性的職場

讓我們來思考女性或男性占多數的職場。

女性占多數的職場很容易出現「媽媽與三姊妹」的人際關係：能幹的長女、態度不屑的次女、撒嬌鬼的么女，以及指揮這三人的母親。

來找我諮商的個案中很多人是女醫師。她們在職場上必須與以女性為主的護理師團隊維持和諧的共事關係。雖然在工作分配上，醫師負責下達指令，但從經驗值來看，護理師往往更具資歷。女醫師必須在如此情況下指揮若定，無疑是一大挑戰，因此不少人會來尋求諮商協助。

此外，女性員工占比較高的產業還包括服飾業、服務業、化妝品業等。在這類職場，女性員工可能因為結婚、生育、丈夫外派至異地等因素離職，導致流動率較高，也成為管理者的一大難題。

那什麼樣的人適合管理女性較多的職場呢？當然是又帥又有能力，還幽默風趣、頭腦清楚、外表乾淨的哥哥最合適！大家可能會覺得：「這不是廢話嗎？」畢竟在現實中，要達到這種完美條件的人實在少之又少，那我們來思考看看還有哪些特質的人也適合吧。

①兄妹中的哥哥

管理者和員工之間屬於上下關係，可以將女性下屬想作是「妹妹」。如此一來，就要選擇擅長應對妹妹、能和她們和諧相處的哥哥，或是能贏得妹妹尊敬與崇拜的哥哥來擔任。

不過必須注意的是，如果哥哥態度過於強硬，可能會引發強烈反彈，務必格外謹慎。

②被姊姊掌控的弟弟

不一定非得找老大來擔任上司，有姊姊的弟弟其實也很適合管理女性較多的職場。

女性不像男性那麼在意職位高低。常表現出一副「我才是上司」的人，在以女性為主的職場中很容易被討厭。在這樣的工作環境，最重要的是給人「上司跟我們站在一起」的感覺。如果是習慣服侍姊姊的弟弟來擔任上司，女性成員自然會以「我是上司」的姊姊心態來努力工作，畢竟當姊姊的必須表現出色。因此，弟弟反而能意外地讓團隊更團結一致。

③姊弟或姊妹中的姊姊

從小像「第二個媽媽」般照顧弟妹的姊姊，來到充滿女性的職場，往往能傾聽成員的意見，顧慮到每個人的需求。這樣的特質讓她們像「媽媽」般，成為團隊領導者。

從小在男人堆裡長大的兄弟，恐怕不適合管理以女性為主的團隊。畢竟只有跟男生打交道的經驗，無論哥哥或弟弟，都難以真正理解女生的感受，導致女性下屬採取不服從的態度。

至於由妹妹擔任上司，若能展現「小可愛」形象，受到下屬喜愛，也能被開開玩笑，或許能順利推動團隊。不過，想獲得女性員工的信任，還是需要傾聽她們的心聲，具備讓人信服的能力。

此外，很會照顧弟妹的姊姊雖然適任這個角色，但與妹妹對立的姊姊恐怕難以勝任，因為她們很可能下意識將女性成員視為「敵人」。

戰績輝煌的人比較能領導男人幫

那什麼類型的人適合領導以男性為主的職場呢？我認為首先是「戰績輝煌」的兄弟類型。男性通常好勝心強，也很在意上下關係。因此，讓曾有過一定功績或頭銜的人擔任上司，通常比較容易獲得男性員工認同。

一般來說，男性較重視外在，女性則重視內涵，多數男性對於權威都會選擇服從。那麼照理說，過去有功績的姊姊或妹妹也能領導男性為主的職場才對，然而，這往往會面臨男性社會中的「一道牆」。不少行業至今仍存在著根深柢固的男尊女卑文化，排斥女性擔任管理職。在這樣的工作環境，女上司恐怕很難發揮其領導能力。

化解團隊對立的是「犧牲者」

管理團隊最重要的是，當成員互相對立時該如何化解，這也是許多人尋求諮商的主因。

對立原因有很多，每種情況需要的解決方式也有所不同。但出現糾紛時，通常是家庭五種角色中的「犧牲者」出面收拾，也就是像媽媽一樣位置的人來負責。

從這個角度來看，在家中負責照顧家人的姊姊或妹妹、兄弟檔中負責居間協調的哥哥或弟弟，應該比較適合擔任這個角色。這種情況下，比起手足關係，「角色」對解決問題更有幫助。扮演「犧牲者」角色的人不僅會照顧他人，還善於傾聽，也能顧及對方心情，這些都是他們的特質。他們的角色就像是團隊中的「潤滑劑」。

團隊成員常去找他商量事情，但他不像「英雄」、「小可愛」或「搗亂者」那樣存在感強烈，平時不太引人注意。

身為領導者，必須確實掌握團隊中是否有這樣的角色，並指派合適人選來扮演。

應該派一位弟弟給女總管

在職場上，真正掌握權力的人是誰呢？是領導者嗎？不，其實是「女總管」。這點也從許多個案的經驗中獲得證實。

那麼，誰才能成為女總管的「繫鈴人」呢？答案是，「有姊姊的弟弟」最有辦法。這些弟弟從小就被姊姊當作「家僕」使喚，培養出機靈的特質。當面對人人都怕的女總管，他們通常不太畏懼，或者說，他們在成長過程中已經鍛鍊出對強勢女性的免疫力。

此外，在手足中擔任「小可愛」角色的人，也能和女總管相處得不錯，因為他們習慣受人疼愛與照顧。相反的，「英雄」類型的哥哥姊姊面對女總管時，經常滿口大道理，不僅無法相處，還很容易起衝突。

團隊實力是兄弟姊妹類型相乘的結果

讀到這裡，相信各位已經清楚理解職場這樣的組織會形成「虛擬家庭關係」：領導統御團隊的領袖（領導者）是父親，輔佐他的是母親，其他團隊成員就是小孩子；經驗豐富的前輩是兄姊，新人就是弟妹。

每個人在團隊裡扮演自己角色的同時，也在行為上展現出來自原生家庭的兄弟姊妹特徵。團隊實力可說是這些因素相互作用下的結果。因此，即使團隊成功招募到最優秀的人才，若無法顧及彼此平衡，最終也無法發揮應有實力。相反的，某些不那麼受期待的團隊，反而能為公司帶來意想不到的巨大貢獻。

第6章

如何修復已經
破壞殆盡的關係？

當關係出現裂痕，該放任不管嗎？

兄弟姊妹關係一旦破裂，該如何修復呢？我想在最後一章和各位一起思考這個問題。

一如我在前面章節所述，兄弟姊妹彼此間會有嫉妒、厭惡、自卑等負面情緒。這些情緒如果置之不理，雙方關係最後可能演變成視而不見，甚至反目成仇。

彼此對立倘若如此根深柢固，長大成人後就算想修復也絕不是簡單的事。但就這樣放著不管，真的好嗎？

手足之間雖然是彼此爭奪父母關愛的對手，但同時也是擁有相同父母的同伴，更是同年齡層中最親近的存在。我想，正是因為彼此關係如此緊密，才會出現無謂的針鋒相對、心生嫉妒、劍拔弩張、水火不容，以及自卑感與優越感。

不過，其實手足也最可能成為彼此「最好的朋友」才是。如果長大成人後還是感情不睦，實在很可惜。

我在諮商過程中，也常遇到手足問題：

- **時至今日還是一見面就吵架的兄弟檔。**
- **離家之後就幾乎沒說過話的兄妹檔。**
- **無法原諒小時候對方帶來的傷害，因而長期疏遠的姊妹。**
- **明明掛心對方，卻不願主動聯絡或拉近距離的姊弟。**

這樣的手足關係直到成年後，仍會影響我們的伴侶關係、工作表現，以及不同層面的人際關係。

即使心裡想著「不能再這樣下去」、「我可以放下了」，也很難敞開心房。我們常說原諒自己的兄弟姊妹比原諒父母更困難，手足關係錯綜複雜，並不是三兩下能解決的問題。

大多情況下，父母不論好壞，不可否認的是我們或多或少都曾受他們照顧，也是最親密的存在（一等親）。父母會比我們先老去，當他們日漸衰弱，做小孩的很自然會產生「我得想辦法」的念頭。

相較之下，兄弟姊妹不像父母那麼親密（二等親），又是同年齡層，想以「你走你的陽關道，我過我的獨木橋」這種很絕的方式切割彼此，其實是辦得到的。那該怎麼做，才能改善這種絕情關係呢？一言以蔽之就是「當個成熟的大人」。

兄弟姊妹關係出現裂痕，是多久以前的事？仔細回想一下，當時彼此應該都還是孩子。尤其是青春期，大家在同個屋簷下生活，連個得以暫時逃離的空間都沒有，才會對彼此帶來那麼大的傷害。

然而，如果重新面對彼此關係，能讓現在和未來的人生過得更好，是不是該勇敢往前踏出一步呢？

試著把想法寫進「記恨本」

包括兄弟姊妹在內的任何人際關係，當我們想「寬恕」對方時，第一步也是最重要的步驟，就是把心中感受一五一十宣洩出來。但也沒辦法當著對方的面這麼做，因為只會讓問題更加惡化。

這些讓你不爽的原因其實來自內心，所以可以用往「內」的方式處理。我會建議個案平常準備一本「記恨本」，把日常生活感受到的負面情緒寫進去，給自己宣洩的機會。當然，這麼做都是為了自己。

具體來說該怎麼做呢？

首先，請準備一本筆記本。在筆記本寫下你對兄弟姊妹的所有負面情緒。雖然我把它取名為「記恨本」，但不是只能記錄「恨」。不論悲傷、罪惡感、無能為力、孤單寂寞、鬱鬱寡歡、後悔、嫉妒、悲慘、不安、恐懼或厭惡都可以，把所有負面情緒統統寫下來。

這麼做可以將一直耿耿於懷的情緒宣洩出來，重複幾次後應該就能感到內心舒暢（也就是必須經過一次又一次的宣洩）。這不是要寫給誰看，所以不必顧慮措辭。同時，也不需要寫完後重讀一遍。寫完之後就把那頁撕毀丟掉也沒關係。

如果當下沒有任何感受，就誠實寫下「我現在沒什麼特別感覺」。沒有任何感受並不是壞事。其實通常不是「沒有情緒」，隨著時間過去，強烈的憤怒或罪惡感可能逐漸浮現。用這個方式整理負面情緒，內心便有了寬恕對方的空間。

順道一提，這個方式在面對兄弟姊妹以外的情況也很管用。針對「記恨本」在我的部落格有詳細描述，有興趣的讀者可以搜尋看看。

> 根本裕幸官方部落格：https://nemotohiroyuki.jp（搜尋關鍵字「記恨本」或「記恨本 保存版」）

另一個自己＝陰影

即使在同個家庭長大，兄弟姊妹的個性、想法、價值觀常有很大的差異。然而，儘管彼此是獨立的個體，所受到的父母影響相似，成長過程中也會互相影響。因此，兄弟姊妹常會成為自己的「陰影」（Shadow）。

所謂陰影是心理學術語，指的是「受到壓抑的另一個自我」。舉例來說，原本個性活潑開朗的人，因為某些原因將真實感受壓抑在心裡。當他遇到同樣活潑開朗的人時，便不知如何與對方相處。

那些令你感到不自在或想遠離的存在，往往是你的陰影。陰影就是由你「禁止」自己做的事情所建構出來的。

- **對誰都有話直說。**
- **很會討好男生。**

・不努力付出，每次都挑「最輕鬆」的事做。

每當你遇到這樣的人，都會覺得不可原諒的話，就代表這些行為是你對自己設下的禁忌。如果兄弟姊妹是你的陰影，你們之間的心理距離幾乎可用「這輩子最大的敵人」來形容。然而，陰影的特質是，即使不能表現出來，但對每個人而言都有重要價值。因此，如果能接納並寬恕對方（陰影），就能重新釋放自己的魅力。

綜合以上論點，我想請各位重新想想對方。有些事情正因為彼此很靠近才看得到，但是否也有因為太靠近反而看不清楚的地方呢？試著重新思考你與兄弟姊妹為何塑造成現在的性格，又為何變成彼此的陰影。

・身為老大，是不是為了符合他人期待而努力過頭了呢？

・是不是因為是中間孩子，凡事都用「跟我無關」的態度來面對呢？

•是不是因為是老么，所以覺得任性一點也沒關係？

從這些地方反思，就能一步步深入理解對方。當你試著這麼做，本書介紹的各種心理解析應該會大有幫助。當出現「啊，原來大哥會有那種態度也不是不能理解」的想法時，就是寬恕的第一步。

試著寫下對方的優點

正因彼此如此靠近，你也很清楚對方的優點不是嗎？試著把那些優點列舉出來。坦然承認對方的長處也會讓我們更加成熟。

當然，這不是件容易的事。許多人因為對方過去的言行，至今仍感到屈辱，或帶著強烈的自卑感。即使如此，我仍然希望各位依照以下重點試著回想看看。

①自己是不是也有類似的地方？

有人曾說過：「我姊很任性，我很討厭她那樣。但某次跟男友講話時，被他指出『妳那些任性的地方最好改一改』，這才發現我也有跟姊姊類似的一面，讓我非常吃驚。」

兄弟姊妹彼此之間當然有許多不同之處，但相似的部分也不少。這些相似之處往往是我們不願正視的。事實上，正視這些相似性，並且接納它，能讓我們對彼此理解更深，也能讓我們的心態更寬容，心胸更開闊。

或許有人會覺得「開什麼玩笑」，但我還是希望各位鼓起勇氣，接受現實，大方承認「我們有些地方真的很像」。

②對方是不是也有值得感謝的地方？

俗話說「寬恕就是感謝」，意思是當我們能對對方心存感激，就更容易放下心中的怨懟。

在爭執後立刻原諒對方並不容易，但如果這麼做能為人生帶來轉機，難道不值得一試嗎？即使仍心有不甘，不妨先將這種情緒暫時放一旁，試著回顧過去，尋找對方是否曾經做過讓你感激的事。再怎麼討厭的人，仔細想想應該還是能找到一兩件吧？

有位女性個案小時候被哥哥拳打腳踢，這段經歷深深折磨她的心。在我的建議下，她嘗試回想過去。

她原本以為自己腦海裡只有被哥哥欺負的記憶，卻在某個瞬間想起小時候哥哥對她很好的一面。

哥哥小學二年級時，父母感情出現裂痕，兄妹爭吵也愈來愈頻繁。但在那之前，他們其實關係親密，經常一起玩耍。她哭的時候，哥哥會安慰她；害怕的時候，哥哥會抱著她；兩人也會手牽手一起到外面散步。那時候的哥哥，是個非常溫柔的人。

人的記憶很奇妙，當想起一件事後，就會接二連三回想起更多自以為早已遺忘的往事。

另一位個案是姊姊。因為妹妹總是表現優異，姊妹感情一直很不好。父母總愛拿她和妹妹比較，每次都讓她感到很挫敗，這段回憶對她而言簡直不堪回首。

然而，當她試著回想過去，卻意外想起妹妹曾經說過「姊姊明明也很厲害」、「我好想變成像姊姊一樣的人」。自己進入叛逆期後，無論父母或妹妹說什麼都一味反抗，甚至覺得自己一無是處。當她重新回溯與妹妹的記憶，才察覺到妹妹一直用她的方式愛著自己，反倒是自己否定了妹妹的每一句肯定。

當然，並不是每次回想都能挖掘出令人感動的記憶。即使如此，只要持續尋找值得感謝的事，通常還是能想起那些早已遺忘的片段。

沒必要急著下結論，給自己幾週或幾個月的時間，慢慢地、好好地回想，讓記憶自然浮現。

世界因寬恕而改變

經過這些步驟，當內心糾結逐漸消散，也許能重新建立良好關係。即使無法完全修復，至少能坦然接受對方，不再被過去情緒困擾。

當長久以來盤據心頭的糾結不再令人煩躁，內心會變得輕鬆，也會更有餘裕。這份餘裕不僅能帶來挑戰新事物的勇氣，還能提升自我價值感。

此外，你與身邊人的關係也會出現明顯改變。連最親近的兄弟姊妹都能放下了，職場上那些讓你頭痛的人際關係也會逐漸變得和諧，與伴侶也能順利建立親密關係。

各位如果也和兄弟姊妹不太和睦，甚至有點心結，我很建議嘗試本章方法，或許會有意想不到的改變與收穫。

結語

讀完這本《兄弟姊妹心理學》，各位覺得如何呢？

兄弟姊妹對我們的影響包含很多因素，包括出生順序、男女組成、年齡差距、與父母的關係等，多種原因間也會相互作用，非常複雜。因此在閱讀過程中，一定有某些地方讓各位覺得「沒錯！就是這樣」，也會有某些地方令人懷疑「咦？是這樣嗎」。

不過，書中內容皆來自我在諮商現場所接觸的案例與歸納出的原則。對於讓你感到疑惑的地方，不妨試著深入思考，或許會有更多發現：「這裡和我跟哥哥的情況剛好相反」、「對我來說，媽媽反而比較像是姊姊」。

也許不是每段都完全符合你的人生，但正因如此，更值得停下來想想，那些不同之處背後藏著什麼樣的線索。

此外，從不同角度閱讀本書，也能帶來不同收穫。正在育兒的家長能大致了解自己與孩子可能會發展出怎樣的關係，或在育兒過程中有哪些需要特別留意的地方。比如應該多拍點老二的獨照或影片，讓他感受到自己也同樣受重視。

對於養育兄妹的父母來說，當哥哥進入青春期，對妹妹的態度開始變得冷淡時，可以這麼安撫妹妹：「哥哥正在長大，這個年紀的男孩子會覺得跟女生太親近有點尷尬，但並不是討厭妳喔。」以溫柔的方式照顧她的感受，讓她安心。

若家中有三個孩子，父母需要特別留意不容易受到關注的中間孩子，多花時間陪伴，讓他感受到自己很重要。

在工作上，如果你擔任管理職，了解團隊成員的家庭排行與兄弟姊妹組成，確實能讓團隊運作更加順暢。假設A男是次子，家裡都是男生。他工作態度認真，卻習慣一個人埋頭苦幹。這時，你可以請在家中是姊姊的B女來協助他。她有個妹妹，通常更懂得關心別人。請B女時不時關心A男，也能讓團隊成員的互動更好。

當然，兄弟姊妹的心理不是決定人際關係的唯一因素，但對於想和身邊的人建立良好關係，絕對有幫助。

我也仔細觀察了自己的工作夥伴。協助我（兄×妹×妹的兄）行政與管理的職員有：兩個妹妹（姊妹）、弟弟（姊弟）、妹妹（兄妹）、中間孩子（兄×弟×妹）。對於我這個恣意妄為又容易暴走的哥哥，這樣的團隊組合顯然能適時維持平衡，同時協助我實現想做的事情。對於他們的貢獻，我銘感五內。

至於我的太太在家中是長女，有一個妹妹。都是老大的我們，都有神經質的地方，偶爾也會起衝突，但也會用自己的方式協助對方，我想這是我們能一路走來相安無事的原因。想到這裡，我又覺得更感謝了。

再來是我可愛的孩子們（姊弟），他們相差七歲，但感情非常融洽，讓我很開心，當然這也歸功於我太太的努力。

最後，和我一起產出這本書的編輯木田先生是哥哥（兄弟）。哥哥vs哥哥的組合沒有發展成主導權之爭，而是在互相尊重的氣氛下讓我愉快完成這份工作，非常感謝他。

兄弟姊妹心理學：
用「在家排行」×「家庭角色」解鎖人生的種種難題
兄弟姉妹の心理学　弟がいる姉はなぜ幸せになれないのか

作者	根本裕幸 兄（兄×妹×妹）
譯者	黃紘君
主編	陳子逸
封面設計	日央設計工作室
校對	魏秋綢
特約行銷	劉妍伶
發行人	王榮文
出版發行	遠流出版事業股份有限公司
	104臺北市中山北路一段11號13樓
	電話／(02) 2571-0297
	傳真／(02) 2571-0197
	劃撥／0189456-1
著作權顧問	蕭雄淋律師
初版一刷	2025年6月1日
定價	新臺幣380元
ISBN	978-626-418-163-1

Printed in Taiwan

YLib.com 遠流博識網　www.ylib.com
Email: ylib@ylib.com

KYOUDAISHIMAI NO SHINRI-GAKU
by Hiroyuki Nemoto

國家圖書館出版品預行編目（CIP）資料

兄弟姊妹心理學：用「在家排行」×「家庭角色」解鎖人生的種種難題
根本裕幸 作；黃紘君 譯
初版；臺北市：遠流出版事業股份有限公司；2025.6
244面；14.8×21公分
譯自：兄弟姉妹の心理学 弟がいる姉はなぜ幸せになれないのか
ISBN：978-626-418-163-1（平裝）

1.性格 2.人格心理學 3.家庭關係

173.761 114003867